Arbeitsblätter

Günter Grass „Katz und Maus"

32 Arbeitsblätter
mit didaktisch-methodischen Kommentaren

Sekundarstufe II

von
Wolfgang Pasche

Ernst Klett Verlag
Stuttgart   Düsseldorf   Leipzig

Der Verlag hat sich nach bestem Wissen und Gewissen bemüht, alle Inhaber von Urheberrechten an Beiträgen zu diesem Werk ausfindig zu machen. Sollte das in irgendeinem Fall nicht korrekt geschehen sein, bitten wir um Entschuldigung und bieten an, gegebenenfalls in einer nachfolgenden Auflage einen korrigierten Quellennachweis zu bringen.

Die Seitenangaben dieses Heftes beziehen sich auf folgende Textausgabe:
Günter Grass, Katz und Maus – Eine Novelle.
dtv-11822, 9. Auflage 1999, München

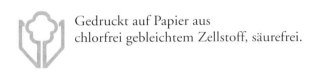
Gedruckt auf Papier aus
chlorfrei gebleichtem Zellstoff, säurefrei.

Die Deutsche Bibliothek – CIP-Einheitsaufnahme

Ein Titelsatz für diese Publikation ist bei
Der Deutschen Bibliothek erhältlich.

1. Auflage 2001
Dieses Werk folgt der reformierten Rechtschreibung und Zeichensetzung.
Ausnahmen bilden Texte, bei denen künstlerische, philologische oder lizenzrechtliche Gründe einer Änderung entgegenstehen.
Alle Rechte vorbehalten.
© Ernst Klett Verlag GmbH, Stuttgart 2001.
Internetadresse: http://www.klett-verlag.de
E-Mail: klett-kundenservice@klett-mail.de
Umschlaggestaltung: BSS Werbeagentur Sachse und Partner, Bietigheim
Druck und Bindung: W. Röck, Weinsberg
ISBN 3-12-927448-0

Inhalt

Sequenz I**Zugänge zum Text**

A 1 Vergleich der Titelbilder 5
A 2 Männliche Jugendliebe in der Pubertät 7

Sequenz II**Lektüre des Textes**

A 3 Einstieg in die Textlektüre 10
A 4 Lektüre des Textes 13
A 5 Abschluss der Textlektüre 15

Sequenz III**Der zeitgeschichtliche Hintergrund des Textes**

A 6 Die Freie Stadt Danzig 1920 – 1939 16
A 7 Die allmähliche Faschisierung Danzigs: Schule/Hitlerjugend 19
A 8 Die allmähliche Faschisierung Danzigs: Kirche 22
A 9 Günter Grass und Danzig 25

Sequenz IV**Der Große Mahlke**

A 10 Annäherung an Mahlke 27
A 11 Der Adamsapfel – Mahlkes Stigma 28
A 12 Das Ritterkreuz – Mahlkes Traum 31
A 13 Das Minensuchboot – Rückzugsort und Todesort 34
A 14 Religiosität und Sexualität 35
A 15 Musik 37
A 16 Der Vater-Sohn-Konflikt 38
A 17 „Katz und Maus" – die Geschichte eines Scheiterns? 39

Sequenz V**Mahlkes Gegenpol – Heini Pilenz**

A 18 Heini Pilenz – die unbekannte Größe 42
A 19 Die Beziehung Pilenz – Mahlke 43
A 20 Kriegsalltag im Dritten Reich 46

Sequenz VI**Die weiblichen Nebenfiguren**

A 21 Mahlkes Mutter und Tante 47
A 22 Das Mädchen Tulla 48

Sequenz VII**Erzählweise**

A 23 Analyse der Erzählperspektive 50
A 24 Zur Arbeitsweise von Günter Grass 53
A 25 Zur Erzählweise von Günter Grass 54
A 26 „Katz und Maus" – eine Novelle? 58
A 27 Zur Entstehung des Textes 60

Inhalt

Sequenz VIII Literarische Bezüge und Verweise

A 28 Intertextuelle Bezüge innerhalb des Grass'schen Werkes 61
A 29 Intertextuelle Bezüge außerhalb des Grass'schen Werkes 64

Sequenz IX Der Film

A 30 Die Intention des Regisseurs 65
A 31 Eine Filmrezension 67

Sequenz X Zur Biographie Günter Grass'

A 32 Günter Grass 1927 – 1999 68

Didaktisch-methodischer Kommentar 72

Vergleich der Titelbilder **A1**

M 1 Umschlag der Originalausgabe (1961)

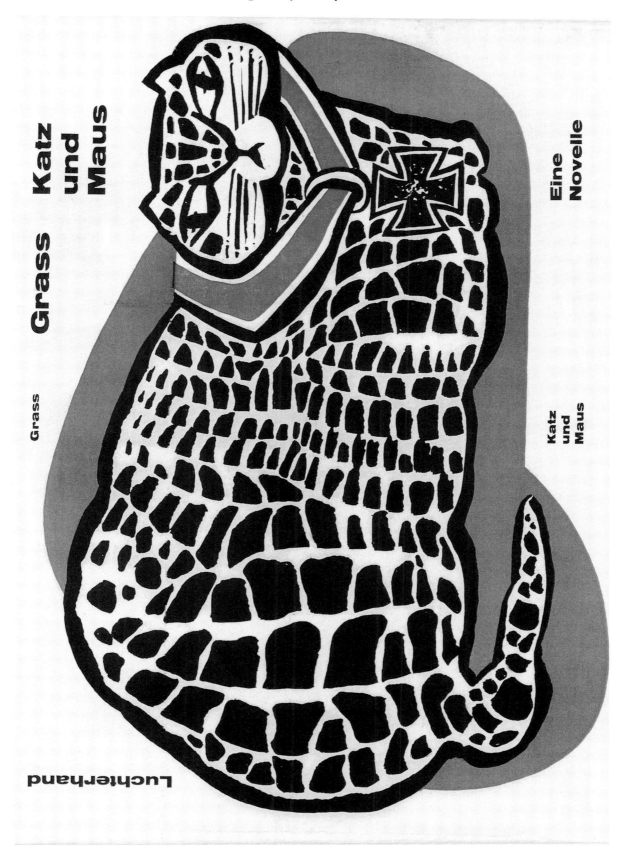

© Steidl Verlag, Göttingen

5

A1 Vergleich der Titelbilder

M 2   Umschlag der 1. Taschenbuchausgabe (1963)

© 1963 by Rowohlt Taschenbuch Verlag GmbH, Reinbek

Männliche Jugendliche in der Pubertät **A 2**

M 1

Foto: Picture Press, Hamburg

A 2 Männliche Jugendliche in der Pubertät

M 2

Jungs, das schwache Geschlecht
Von der Qual, ein Mann zu werden

DIE STARKEN MÄDCHEN erhöhen den Druck, sich als ganzer Kerl zu beweisen. Welcher selbstbewusste Bengel möchte schon von einem Mädchen überrundet werden? Mädchen, das sind Wesen von einem anderen Planeten, unheimlich und fremd. Mit Mädchen spielen „echte" Jungs nicht. „Die machen diese komischen Handklatschspiele", sagt Arne Weidtke, 10, aus Hannover. „Jungen finden Computer besser und spielen mit Waffen. Das finden die Mädchen in meiner Klasse blöde."

Jungen haben ihre eigene Sprache entwickelt. Zwei pubertierende Typen, die sich mit „Hey, du Arsch!" begrüßen und dabei gegenseitig auf den Oberkörper boxen, sagen sich damit vermutlich, dass sie sich ziemlich gern haben. Wo Zärtlichkeit verpönt ist, drückt man Nähe eben anders aus. Jungenforscher raten deshalb, die Sprache der Rabauken zu lernen. In seinem Buch „Jungen! Wie sie glücklich heranwachsen" schreibt der australische Familientherapeut Steve Biddulph: „Wenn Mädchen innerhalb einer Gruppensituation Angst haben, machen sie sich im Allgemeinen eher klein und verhalten sich still. Jungs laufen umher und machen möglichst viel Lärm." Wenn in einer Gruppe niemand das Sagen hat, fangen Jungs an herumzurangeln, um eine Rangordnung zu erstellen. Sie brauchen eine Struktur und einen Chef. Erst dann können sie sich entspannen. Mädchen macht das weniger zu schaffen. Auch deshalb fallen Jungen viel häufiger aus der Rolle als Mädchen: Sie müssen sich gegenseitig beweisen, wie toll sie sind. „Alleine baue ich keine Scheiße", sagt Murat, 14, aus Kassel. „Aber wenn die anderen dabei sind, darfst du nicht dein Gesicht verlieren. Wenn du denen zeigst, dass du schwach bist, dann hast du schon verloren. Du bist dann feige, und du hast keine Ehre. Und ohne Ehre hast du keine Freunde."
Mädchen bitten um Hilfe, wenn sie

brauchen. Jungen wissen nicht, wie sie das tun sollen, lehrt Biddulph. „Sie tun vielfach durch ihr Verhalten ihre Hilfebedürftigkeit kund." Wenn sie in der Schule den Obercoolen mimen, so tun, als ob ihnen alles am Hintern vorbeigeht, sei das ihre Art, auf Überforderung zu reagieren. „In Wahrheit wären sie gern erfolgreich und Teil der Gemeinschaft." Jungen brauchen länger, um ihre Gefühle mitzuteilen. Viel häufiger als Mädchen blocken sie Gesprächsangebote ab, wenn sie dabei Schwäche oder Unsicherheit zeigen müssen. Einfach nur reden ist ohnehin nicht ihre Sache – Eltern kommen ihren Söhnen beim Fahrradflicken oder Stochern im Lagerfeuer viel eher nahe.

„JUNGEN BEFÜRCHTEN schnell, dass sie nicht normal sind", sagt Reinhard Winter, Leiter der Projektgruppe Jungenpädagogik am Tübinger Institut „Iris". „Es hilft ihnen, wenn man sie darin unterstützt, ihren eigenen, eventuell vom Klischee abweichenden Weg zu gehen." Ein jungenhaftes Mädchen ist erlaubt. Aber ein mädchenhafter Junge? Einer, der Ballett tanzen will, ein Kleid tragen oder der als Berufswunsch Kosmetiker angibt? Geht, wenn er Glück hat, als Exot durch, eher aber als weibisch. Und nichts trifft einen Jungen härter, als wenn man seine Männlichkeit infrage stellt. Das schlimmste Schimpfwort, das man einem Jungen sagen kann? Der zehnjährige Arne muss nicht lange überlegen: „Homosexuelle Missgeburt."
Mit platter Männlichkeit allein kommt in heutigen Zeiten jedoch keiner weit. In Wahrheit muss der moderne Junge einen Spagat meistern: Er soll nicht nur cool sein, sportlich und durchsetzungsstark, sondern auch teamfähig; er soll sich seinen Weg mit den Ellenbogen erkämpfen, aber dabei ganz, ganz rücksichtsvoll sein; er soll die Mädchen beschützen, sie aber auch als gleichberechtigt anerkennen.

Seit die Werbung den Männerkörper entdeckt hat, braucht er auch noch eine makellose Haut, einen Waschbrettbauch, Markenklamotten und daneben all die anderen Statussymbole wie Gameboy oder Handy.
Zudem muss er gute Noten schreiben, um in der Leistungsgesellschaft seinen Platz zu finden und – das gilt ja noch immer – später eine Familie ernähren zu können.
Wissen Erwachsene, wie schwierig und belastend diese Fülle von Erwartungen für ihre Söhne ist? Klar, Eltern wollen prima Leistungen, aber wissen sie, dass ihr Sohn als Streber gemobbt wird, wenn er die erwünschten Einsen schreibt? „Bei uns traut sich keiner, als guter Schüler dazustehen", erzählt Kevin. „Den Mädchen passiert nicht viel. Aber wer als Junge gut ist, kriegt von seinen Mitschülern deren Hausaufgaben aufgedrückt. Und wer die dann nicht macht, kriegt eine rein."

UM DAS MANNSEIN ZU LERNEN, brauchen heranwachsende Jungen männliche Vorbilder zum Anfassen. Doch die sind Mangelware. Vom sechsten Lebensjahr an etwa, da sind sich die Experten einig, wird der Vater für Jungen zur zentralen Figur im Leben – bleibt aber oft genug ein flüchtiges Phantom. Immer häufiger verabschieden sich die Erzeuger aus der Verantwortung und überlassen die Erziehung der Mutter. Selbst wo die Eltern noch zusammenleben, glänzen berufstätige Väter durch körperliche oder geistige Abwesenheit. Es sei ein Paradoxon unserer Zeit, klagt der Münchner Familienforscher Wassilios Fthenakis, „dass einerseits vermehrtes männliches Engagement in der Familie gefordert wird und dass andererseits die Zeitspanne kontinuierlich abnimmt, die ein Mann tatsächlich in der Familie verbringt."

aus: STERN 24/2000, S. 58 ff.
Werner Hinzpeter/STERN

Männliche Jugendliche in der Pubertät **A2**

M 3

Selbstkonzepte männlicher Heranwachsender

Ausprägung männlicher und weiblicher Geschlechtsrollenmerkmale (Selbsteinschätzung anhand eines Fragebogens)		
	Männliche Jugendliche (16 Jahre)	Weibliche Jugendliche (16 Jahre)
Äußerliches Aussehen	positivere Einschätzung	negativere Einschätzung
Begabung	positivere Einschätzung	negativere Einschätzung
Selbstakzeptierung	positivere Einschätzung	negativere Einschätzung
Kontrolle der eigenen Emotionen	stärker	schwächer
Kontrolle der eigenen Handlungen	stärker	schwächer
Empathiefähigkeit	geringer	stärker
Körperliches Wohlbefinden	höher	niedriger
Interesse an Rollenübernahme	niedriger	höher
Soziale Interessen	geringer	höher
Status in der Klasse	mehr Geltung	weniger Geltung
Bildungsorientierung	weniger ausgeprägt	ausgeprägter
Haustiere versorgen	seltener	häufiger
Auto/Motorrad/Sport	interessierter	weniger interessiert
Befürwortung von Gleichberechtigung im Beruf	weniger ausgeprägt	ausgeprägter
Politische Protestbereitschaft	geringer	stärker

Heranwachsende Jungen sind weniger depressionsgefährdet, weil sie sich seltener am mütterlichen Verhalten und stärker an männlichen Vorbildern (auch außerhalb der Familie) orientieren. Männern wird nicht nur zugestanden, auf dem eigenen Standpunkt zu beharren, von ihnen wird sogar erwartet, dass sie sich durchsetzen, notfalls dabei auch eine gewisse Stärke und Härte an den Tag legen. Sollte die Auseinandersetzung eskalieren, so ist aggressives Verhalten verpönt, wenn es von weiblichen Jugendlichen gezeigt wird – man(n) bezeichnet es als „überzogen", „unangemessen" oder „hysterisch". Wenn jedoch männliche Heranwachsende aggressiv sind, stoßen sie nicht nur auf Ablehnung und Missbilligung, sondern teilweise auch auf Verständnis: Ihre überschüssige Kraft hätte sich ein Ventil gesucht, sie wären wohl so lange gereizt worden, bis sie die Beherrschung verloren hätten usw. – solche Erklärungen und Rechtfertigungen, die sich aus dem Geschlechtsrollenklischee „Ein richtiger Mann ist durchsetzungsfähig, stark und zeigt nötigenfalls auch Härte" ableiten, sind weit verbreitet. Jungen werden dadurch ermuntert, gerade im Umgang mit dem anderen Geschlecht, sich im Konfliktfall wenig einfühlsam und nicht kompromissbereit zu verhalten. Durch ihre Erfahrungen, die sie typischerweise in Auseinandersetzungen mit ungefähr gleichaltrigen Mädchen machen, werden sie häufig noch verstärkt, sich unnachgiebig und unsensibel zu verhalten. Sie haben – zumindest auf dieser Altersstufe und bei den vorherrschenden Erziehungs- und Sozialisationsbedingungen – wenig Chancen, die Bereiche „Zwischenmenschliche Einfühlung und Verständnis für andere" für sich zu erschließen.

Bezieht man ein, dass sich Jungen in diesem Alter (besonders zwischen 13 und 15 Jahren) im Vergleich mit Mädchen aufgrund ihres Reifungsrückstandes in zwischenmenschlichen Dingen oft als undifferenziert und unterlegen erleben, so lässt sich nachvollziehen, dass die Nähe von Mädchen oft einfach gemieden wird oder den „Gefühlsduseleien der Weiber" gegenüber nicht selten ein besonders grobschlächtiges und aggressives Verhalten an den Tag gelegt wird.

aus: Hartmut Kasten, Pubertät und Adoleszenz. Wie Kinder heute erwachsen werden.
Ernst Reinhardt Verlag, München/Basel 1999, S. 65 f.

A 3 Einstieg in die Textlektüre

M 1

I

… und einmal, als Mahlke schon schwimmen konnte, lagen wir neben dem Schlagballfeld im Gras. Ich hätte zum Zahnarzt gehen sollen, aber sie ließen mich nicht, weil ich als Tickspieler schwer zu ersetzen war. Mein Zahn lärmte. Eine Katze strich diagonal durch die Wiese und wurde nicht beworfen. Einige kauten oder zupften Halme. Die Katze gehörte dem Platzverwalter und war schwarz. Hotten Sonntag rieb sein Schlagholz mit einem Wollstrumpf. Mein Zahn trat auf der Stelle. Das Turnier dauerte schon zwei Stunden. Wir hatten hoch verloren und warteten nun auf das Gegenspiel. Jung war die Katze, aber kein Kätzchen. Im Stadion wurden oft und wechselseitig Handballtore geworfen. Mein Zahn wiederholte ein einziges Wort. Auf der Aschenbahn übten Hundertmeterläufer das Starten oder waren nervös. Die Katze machte Umwege. Über den Himmel kroch langsam und laut ein dreimotoriges Flugzeug, konnte aber meinen Zahn nicht übertönen. Die schwarze Katze des Platzverwalters zeigte hinter Grashalmen ein weißes Lätzchen. Mahlke schlief. Das Krematorium zwischen den Vereinigten Friedhöfen und der Technischen Hochschule arbeitete bei Ostwind. Studienrat Mallenbrandt pfiff: Wechsel Fangball Übergetreten. Die Katze übte. Mahlke schlief oder sah so aus. Neben ihm hatte ich Zahnschmerzen. Die Katze kam übend näher. Mahlkes Adamsapfel fiel auf, weil er groß war, immer in Bewegung und einen Schatten warf. Des Platzverwalters schwarze Katze spannte sich zwischen mir und Mahlke zum Sprung. Wir bildeten ein Dreieck. Mein Zahn schwieg, trat nicht mehr auf der Stelle: denn Mahlkes Adamsapfel wurde der Katze zur Maus. So jung war die Katze, so beweglich Mahlkes Artikel – jedenfalls sprang sie Mahlke an die Gurgel; oder einer von uns griff die Katze und setzte sie Mahlke an den Hals; oder ich, mit wie ohne Zahnschmerz, packte die Katze, zeigte ihr Mahlkes Maus: und Joachim Mahlke schrie, trug aber nur unbedeutende Kratzer davon.

Ich aber, der ich Deine Maus einer und allen Katzen in den Blick brachte, muß nun schreiben. Selbst wären wir beide erfunden, ich müßte dennoch. Der uns erfand, von berufswegen, zwingt mich, wieder und wieder Deinen Adamsapfel in die Hand zu nehmen, ihn an jeden Ort zu führen, der ihn siegen oder verlieren sah; und so lasse ich am Anfang die Maus über dem Schraubenzieher hüpfen, werfe ein Volk vollgefressene Seemöwen hoch über Mahlkes Scheitel in den sprunghaften Nordost, nenne das Wetter sommerlich und anhaltend schön, vermute, daß es sich bei dem Wrack um ein ehemaliges Boot der Czaika-Klasse handelt, gebe der Ostsee die Farbe dickglasiger Seltersflaschen, lasse nun, da der Ort der Handlung südöstlich der Ansteuerungstonne Neufahrwasser festgelegt ist, Mahlkes Haut, auf der immer noch Wasser in Rinnsalen abläuft, feinkörnig bis graupelig werden; doch nicht die Furcht, sondern das übliche Frösteln nach zu langem Baden besetzte Mahlke und nahm seiner Haut die Glätte.

Dabei hatte keiner von uns, die wir dürr und langarmig zwischen seitlich wegragenden Knien auf den Resten der Kommandobrücke hockten, von Mahlke verlangt, nochmals in den Bugraum des abgesoffenen Minensuchbootes und in den mitschiffs anstoßenden Maschinenraum zu tauchen, etwas mit seinem Schraubenzieher abzufummeln, ein Schräub-

Einstieg in die Textlektüre **A3**

chen, Rädchen oder was Dolles: ein Messingschild, dichtbeschrieben
mit den Bedienungsanweisungen irgendeiner Maschine in polnischer
und englischer Sprache; denn wir hockten ja auf allen über dem Wasserspiegel ragenden Brückenaufbauten eines ehemaligen, in Modlin vom
Stapel gelaufenen, in Gdingen fertiggestellten polnischen Minensuchbootes der Czaika-Klasse, das im Jahr zuvor südöstlich der Ansteuerungstonne, also außerhalb der Fahrrinne und ohne den Schiffsverkehr
zu behindern, abgesoffen war.
Seitdem trocknete Möwenmist auf dem Rost. Sie flogen bei jedem Wetter fett glatt, mit seitlichen Glasperlenaugen manchmal knapp und fast
zum Greifen über den Resten des Kompaßhäuschens, dann wieder hoch
wirr und nach einem Plan, der nicht zu entziffern war, spritzten im Flug
ihren schleimigen Mist und trafen nie die weiche See aber immer den
Rost der Brückenaufbauten. Hart stumpf kalkig dauerten die Ausschei-
dungen in Klümpchen dicht bei dicht, auch in Klumpen übereinander.
Und immer, wenn wir auf dem Boot saßen, gab es Fußnägel Fingernä-
gel, die den Mist abzusprengen versuchten. Deswegen brachen unsere
Nägel, und nicht, weil wir – außer Schilling, der immer kaute und Niet-
nägel hatte – an unseren Fingernägeln kauten. Nur Mahlke besaß lange, wenn auch vom vielen Tauchen gelbliche Nägel und bewahrte sich
ihre Länge, indem er weder kaute noch Möwenmist kratzte. Auch blieb
er der einzige, der nie von dem weggestemmten Mist aß, während wir,
weil sich das anbot, kalkige Klümpchen wie Muschelsplitt kauten und
als schaumigen Schleim über Bord spuckten. Das Zeug schmeckte nach
nichts oder nach Gips oder nach Fischmehl oder nach allem, was sich
vorstellte: nach Glück, Mädchen, nach dem lieben Gott. Winter, der
ganz gut singen konnte, gab an: „Wißt ihr, daß Tenöre täglich Möwenmist essen?" Oft fingen die Möwen unsere kalkige Spucke im Flug und
merkten wohl nichts.

aus: Günter Grass, Katz und Maus – Eine Novelle. dtv-11822, 9. Aufl. 1999, München, S. 5 ff.

Arbeitsaufträge

Klären Sie die Leistungen einer Exposition in diesem Textausschnitt:
a) Welche Personen treten auf? Wie sind sie charakterisiert?
b) Zu welchem Zeitpunkt findet das Geschehen statt?
c) An welchem Ort?
d) Welche Konflikte werden genannt? Wie ist die Atmosphäre der
   Handlung gestaltet?
e) Wer erzählt?

A3 Einstieg in die Textlektüre

M 2

Schüler im Gespräch mit Günter Grass

Schüler: Sie haben auch eigene Vorstellungen von der Zeichensetzung. Ich persönlich bin der Meinung, daß es eigentlich ein bißchen problematisch ist, wenn man von dichterischer Freiheit liest – was ist überhaupt dichterische Freiheit? – und wenn man sagt, der Dichter kann mit der Sprache praktisch machen, was er will. Also ich glaube, die Sprache ist nicht, wie vielleicht für Sie als Bildhauer, ein Stück Gips, das Sie an die Wand werfen können oder mit dem Sie schöne Figuren machen können. Meiner Meinung nach muß man sich gewissen Gesetzen fügen und kann nicht nach eigenen Vorstellungen, nach eigenen Gefühlen die Sache willkürlich verändern.

Schüler: Dem möchte ich entgegnen: Die Sprache ist doch immer ein Ausdruck der Kultur und des Volkes in einer bestimmten Zeit, deshalb kann sich die Sprache doch auch wandeln. Wenn wir eben nun in ein neues Stadium einer anderen Kultur eintreten, dann muß die Sprache auch das mitmachen, und vielleicht ist die Sprache das erste Anzeichen.

Schüler: Ich glaube, Sie sollten uns jetzt einmal die Frage beantworten, warum Sie den Stil geändert haben. Weil der alte schlecht war oder weil Sie glauben, daß er eine neue Epoche einleiten soll?

Günter Grass: Ich habe also eine Menge Einwände gehört. Ich gehe erst mal davon aus, daß die deutsche Sprache, verglichen z.B. mit dem Französischen, sehr weich ist und Einflüssen unterworfen ist, nicht immer den besten Einflüssen. Das Deutsch z.B., das heute gesprochen wird, ist sehr stark vom Wirtschaftsdeutsch geprägt, vom Amtsdeutsch geprägt, im Gedanklichen von Heidegger geprägt. Die Substantivierung nimmt immer größere Ausmaße an, und mit diesem Material muß ich als Schriftsteller arbeiten. Es ist also nicht nur mit dem Konjunktiv getan, und es ist auch nicht eine Sache der Kommata, sondern es gibt zum Beispiel Sätze, in denen das Verbum weggelassen wird. Die Satzaussage fehlt, weil ich dem Leser bei einem angefangenen Satz dann und wann überlassen kann, die Satzaussage selber auszufüllen, weil sie auf der Hand liegt. Und vielleicht habe ich nebenbei den kleinen Ehrgeiz, die deutsche Sprache etwas zu verkürzen. Sie ist furchtbar umständlich. Ich glaube, daß innerhalb der deutschen Satzstellung sich einiges – ohne jetzt als Sprachenreformer vordergründig auftreten zu wollen – von dem, was ich sagen und beschreiben will, zur Satzverkürzung anbietet, ein Reduzieren also der Sprache auf die Dinglichkeit hin. Und dann entstehen Dinge, die Sie als Unkorrektheiten betrachten. Jetzt noch eine Sache. Vorhin wurde davon gesprochen, daß das also nichts Neues sei. Natürlich ist das nichts Neues. Das gibt es schon bei Döblin, also vor allen Dingen in der expressionistischen Prosa, und bei James Joyce, und heute bei Arno Schmidt und eben auch bei Johnson. Es ist also eine Stilgebärde, wenn Sie wollen, die weit verbreitet ist. Da kann natürlich jeder Autor nur einen bestimmten Anteil haben, und zwar den Anteil, der zu seinem Stoff paßt, zu dem, was er sagen will. Aber insgesamt verändert das die deutsche Sprache, und ich glaube nicht zum Schlechten.

aus: Manfred und Barbara Grunert (Hrsg.), „Wie stehen Sie dazu?" Jugend fragt Prominente. München/Bern 1967, S. 74 ff.

Lektüre des Textes **A 4**

M 1   Zeitgeschichte und private Geschichte im Novellengeschehen

Seite	Lebensgeschichte Mahlkes	Seite	Zeitgeschichte
8	*14. Geburtstag kurz nach Kriegsbeginn*	8	*1939 Kriegsbeginn*
9	*Sommer 1940: frei schwimmen, tauchen*		
12	*[Halbwaise, einziges Kind, Vater gestorben]*	20	*Sommer 1940 „Rummel in Frankreich"*
31	*Herbst 1940: aus dem Jungvolk geworfen, in die Hitlerjugend abgeschoben*	33	*Rückblende: Westerplatte / Beginn des II. Weltkriegs*
39 – 42	*Sommer 1941 (?): „Olympiade"*	34 – 36	*Rückblende: Vernichtung der polnischen Flotte, 1.9.–2.10.1939*
47/49	*Winter 41/42: Fuscheln*		
61 – 64	*1. Ritterkreuzträger-Rede*		
69 f.	*Ende Juni 1942: Rettung des Tertianers; Entdeckung der Funkerkabine*		
83 – 87	*2. Ritterkreuzträger-Rede*		
91	*Ordensdiebstahl*		
103	*Ostern 1942: Mahlke rasiert sich zum ersten Mal*	103	*Ostern 1942: Seeschlacht im Pazifik (4.–8.5.1943)*
109	*Relegation an die Horst-Wessel-Oberschule*		
110	*Große Ferien 1942: freiwillige Meldung in ein Wehrertüchtigungslager; vormilitärische Funkerausbildung*		
117	*Freiwillige Meldung zum Militär (Wunsch-vorstellung: U-Boot-Marine)*	112	*Januar 1945: Vorstoß der russischen Armeen gegen Elbing (12.1.1945)*
127	*Weihnachten 1942: Notabitur; Ein-berufung zum Reichsarbeitsdienst (Tuchler Heide)*	123	*3. Advent 1942: Krieg in Nordafrika (El Al-amein) / Russland (Asowsches Meer) / Pazifik (Guadalcanar) / Karelien*
132 f.	*Februar 1944: Panzerschütze*	129	*Winter 1942/43: Partisanenkämpfe in Polen (Tuchler Heide)*
141 f.	*Rückblende: Auffinden des Partisanen-magazins; erster kleiner Orden*		
144	*Mai/Juni 1944: Nachricht über Mahlkes Militärkarriere. vom Richtschützen / Unteroffizier zum Panzerkommandanten; Verleihung des Ritterkreuzes*		
147	*EK I / EK II*	163 f.	*Rückblende: Schlacht bei Bjelgorod (5.–15.7.1943); Schitomir (Ende 1943); Ukraine (Kovel–Brody–Brezany); Polen (Buczaz, Juli 1944); Cerkassy (Februar 1944); Krivoj Rog (Februar 1944); Verweis auf die Invasion in der Normandie (4.6.1944)*
156	*Donnerstag: Mahlke ohrfeigt Klohse*		
161	*Donnerstag nacht: schläft mit Tulla (?)*		
169 – 174	*Freitag: Mahlke taucht im Minensuchboot unter*		
177	*Samstag: Pilenz sucht Mahlke erst am Morgen danach*		

A4 Lektüre des Textes

M 2
Straßenplan Langfuhr (um 1940)

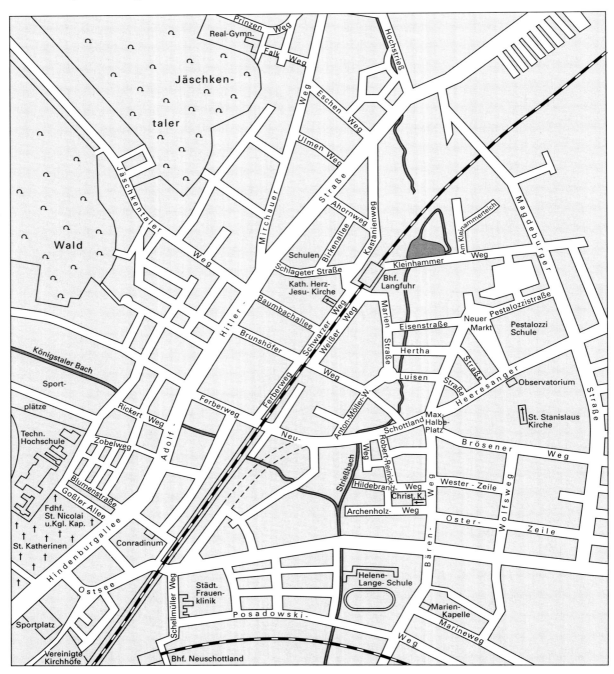

Arbeitsaufträge

a) Heben Sie die Straßen und Orte farblich hervor, die im Novellentext genannt sind.
b) Bestimmen Sie ihre Bedeutung für den Handlungsverlauf.

Abschluss der Textlektüre **A 5**

M 1   Mindmap

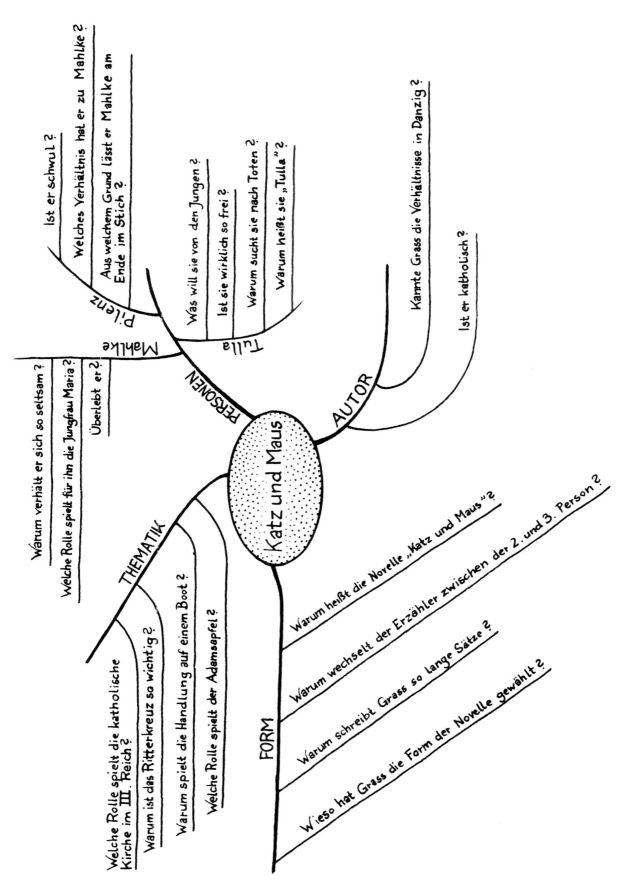

A 6 Die Freie Stadt Danzig 1920 – 1939

M 1

MAREK ANDRZEJEWSKI

**Die Politik
des Desinteresses
der Völkerbundstaaten
und die Faschisierung
der Freien Stadt Danzig**

Danzig ist in seiner reichen, komplizierten Geschichte bekanntlich zweimal ein Freistaat gewesen. In den Jahren 1807 bis 1813 stand es unter französischem Einfluss, und die Bezeichnung Freie Stadt trug für Danzig damals in hohem Maße rein äußerlichen Charakter. Gleichzeitig ist hervorzuheben, dass der erste Freistaat Danzig zweifellos antipreußischen Charakter trug und zum Herzogtum Warschau hin tendierte.

Der nach den Festlegungen des Versailler Vertrags gebildete zweite Freistaat Danzig stellte einen Kompromiss zwischen den Wirtschaftsinteressen Polens und dem damals deutlich ausgeprägten deutschen Charakter der Stadt dar. Die geistigen Väter dieser Lösung, britische Politiker, knüpften in gewissem Maße an die Tradition des napoleonischen Danzig an. Während die Entscheidungsgewalt im ersten Freistaat Danzig jedoch in der Hand des französischen Kaisers, genauer gesagt, seines Repräsentanten, des Generalgouverneurs Jean Rapp, gelegen hatte, sollte die Freie Stadt Danzig nach den Festlegungen des Versailler Vertrags vom Völkerbund und von Polen abhängig sein. Der Völkerbund verfügte in der Stadt an der Mottlau über eine Reihe von Befugnissen und konnte großen Einfluss auf die Entwicklung ihrer inneren und äußeren Lage ausüben.

Der Umstand, dass in Danzig, Zoppot und den drei Landkreisen vorwiegend Deutsche lebten, bewirkte eine politische und kulturelle Hinneigung der meisten Bewohner des neu geschaffenen Freistaates zum Deutschen Reich. Nationalitätenfragen gewannen für die Danziger Politiker die Oberhand gegenüber der wirtschaftlichen Problematik. Bei vielen Danziger Deutschen ging das Gefühl für die Koexistenz der Stadt an der Mottlau mit ihrem natürlichen Hinterland, mit Polen, verloren. Sehr stark ausgeprägt war bei ihnen hingegen die Tendenz, dass Danzig wieder zum deutschen Staat gehören solle. Obwohl das Deutsche Reich formal gesehen über keinerlei

Befugnisse in der Freien Stadt Danzig verfügte, übte es sehr starken Einfluss auf das politische, kulturelle und wirtschaftliche Leben der Stadt aus. Äußerst zutreffend ist daher die Feststellung, dass Danzig eine Art „Mikrokosmos" der Weimarer Republik und später des Dritten Reiches darstellte. Als sich die Freie Stadt Danzig am 16. Dezember 1920 konstituierte, stand sie unter dem Protektorat des Völkerbundes, der ihre politischen Rechte schützen, Streitfragen zwischen Polen und Danzig schlichten und der Garant der Verfassung des Freistaates sein sollte. Repräsentant des Völkerbundes war in der Freien Stadt selbst ein Hochkommissar, und die politischen Optionen und die Persönlichkeit des Hochkommissars hatten ebenfalls Einfluss auf die Gestaltung der Beziehungen zwischen Polen und Danzig und – vor allem ab 1933 – auf die Einhaltung demokratischer Normen in der Stadt. (…)

Die Freie Stadt Danzig hatte nämlich eine vom Völkerbund garantierte und im Mai 1922 von diesem bestätigte Verfassung, deren Form und Wortlaut bis Anfang 1933 von den einzelnen Koalitionen des Senats im Allgemeinen respektiert wurden. Nachdem die NSDAP die Macht in Danzig übernommen hatte, wurde die Verfassung zwar nicht geändert, aber die nationalsozialistischen Behörden verletzten sie ständig durch verfassungsfeindliche Dekrete oder durch die Ausübung einer Politik vollzogener Tatsachen. (…)

Indirekt begünstigt wurde das zweifellos durch die Normalisierung der Beziehungen zwischen der Republik Polen und dem Senat Hermann Rauschnings sowie dadurch, dass die polnischen Behörden den Standpunkt vertraten, sich nicht in die inneren Angelegenheiten des Freistaates einzumischen. Sehr wesentlich war für die Wahrung der Rechtstaatlichkeit in der Stadt jedoch die Haltung des Völkerbundes, insbesondere Großbritanniens und Frankreichs, d. h. jener Staaten, die eine vorrangige Rolle im Völkerbund spielten und als Hauptgaranten der Demo-

Die Freie Stadt Danzig 1920 – 1939 A 6

kratie in der Stadt an der Mottlau fungierten.
Das Jahr 1933 bedeutete einen grundlegenden Einschnitt in der Geschichte der Freien Stadt Danzig. In jenem Jahr kam es nämlich zum Übergang von der demokratischen zur totalitären Ordnung, wenngleich dieser Übergang – eben mit Rücksicht auf die Garantien des Völkerbundes – in Danzig langsamer verlief als in Deutschland. Im selben Jahr hörten auch die Auseinandersetzungen zwischen Polen und Danzig, die zuvor verhältnismäßig oft vor das Forum des Völkerbundes in Genf gelangt waren, auf, dessen Aufmerksamkeit in Anspruch zu nehmen. (…)
Stark beeinflusst wurde die Entwicklung der Lage in Danzig durch die Machtübernahme der NSDAP in Deutschland. Überaus wesentlich war dabei, dass die Wahl zum Danziger Volkstag erst am 28. Mai 1933, d. h. fast vier Monate nach der Machtübernahme in Deutschland stattfand. Dadurch hatten die Danziger Nationalsozialisten Gelegenheit, ihre Kontrolle über die Verwaltung der Stadt auszuweiten und Versuche zu unternehmen, ihre politischen Gegner zu terrorisieren. All das geschah angesichts einer passiven Haltung des Völkerbundes. (…)
Die Frage ist nun, ob sich der Völkerbund mit den Mitgliedsgroßmächten Großbritannien und Frankreich an der Spitze im Mai 1933 der Machtübernahme durch die NSDAP in der Freien Stadt Danzig hätte widersetzen können. Es scheint, dass der Völkerbund ähnlich wie Polen nur geringen Handlungsspielraum hatte, denn die Nationalsozialisten hatten das Regierungsruder im Danziger Senat legal übernommen, und die Beispiele für Terror und Wahlbetrug waren trotz alledem nicht so zahlreich wie zwei Jahre später. Nicht nur in der polnischen, sondern auch in der britischen und französischen Presse konnte man häufig der Ansicht begegnen, ein großer Teil der Danziger habe damals die NSDAP unterstützt. Sehr wesentlich war für die Danziger NSDAP auch die Verbesserung der Atmosphäre zwischen Warschau und Berlin und der sich daraus ergebenden Beziehungen zwischen Polen und Danzig. In diesem Falle war es für die polnische Seite tatsächlich zweitrangig, welche Partei in der Freien Stadt die Macht ausübte. Die Republik Polen war vor allem darauf bedacht, dass ihre Befugnisse in Danzig keinerlei Einbuße erlitten. (…)
Schon damals konnte man zu dem Schluss gelangen, dass sowohl London als auch Paris nicht beabsichtigten, sich tatsächlich für die Verteidigung der Demokratie in der Freien Stadt einzusetzen, und die Frage der antifaschistischen Opposition wurde übrigens ebenso wie die ganze Danziger Frage – ausschließlich in Zusammenhang mit der Verbesserung der britisch-deutschen bzw. französisch-deutschen Beziehungen betrachtet. An dieser Stelle ist auf den in Polen oft nicht hinreichend gewürdigten Umstand hinzuweisen, dass der Schwerpunkt der Politik des mit Kolonialproblemen kämpfenden Großbritannien keineswegs in Mittel- und Osteuropa lag. Ebenso konnten die Freie Stadt Danzig und demnach auch die dortige antifaschistische Opposition von dem durch die im ersten Weltkrieg erlittenen Verluste bevölkerungsmäßig stark geschwächten Frankreich lediglich instrumentell behandelt werden. Zu erinnern ist auch an die Rücksichtnahme Großbritanniens und Frankreichs auf die einheimische Öffentlichkeit, die von Natur aus eine kritische Haltung gegenüber dem ungesetzlichen Vorgehen der Danziger Nationalsozialisten einnahm. Eben dieser Aspekt bewirkte, dass britische und französische Politiker so manches Mal geneigt waren, hinsichtlich der zunehmenden Faschisierung der Freien Stadt ein durch taktische Rücksichten und Prestiggründe bedingtes scheinheiliges Spiel zu spielen.

aus: Udo Arnold (Hrsg.), Danzig und sein Platz in Vergangenheit und Gegenwart. Warschau/Lüneburg 1968, S. 147 ff.
© Friedrich Ebert-Stiftung, Warschau und Verlag Nordostdeutsches Kulturwerk, Lüneburg

A6 Die Freie Stadt Danzig 1920 – 1939

M 2

Wie es langsam dazu gekommen ist

Es stimmt: Ihr seid unschuldig. Auch ich, halbwegs spät genug geboren, gelte als unbelastet. Nur wenn ich vergessen wollte, wenn ihr nicht wissen wolltet, wie es langsam dazu gekommen ist, könnten uns einsilbige Worte einholen: die Schuld und die Scham; auch sie, zwei unentwegte Schnecken, nicht aufzuhalten.

Ich bin, wie ihr wißt, in der Freien Stadt Danzig geboren, die nach dem Ersten Weltkrieg vom Deutschen Reich getrennt worden war und mit den umliegenden Landkreisen der Aufsicht des Völkerbundes unterstand.

Artikel 73 der Verfassung sagte: „Alle Staatsangehörigen der Freien Stadt Danzig sind vor dem Gesetze gleich. Ausnahme-Gesetze sind unstatthaft."

Artikel 96 der Verfassung sagte: „Es besteht volle Glaubens- und Gewissensfreiheit."

Doch wohnten (laut Volkszählung vom August 1929) zwischen den über vierhunderttausend Bürgern des Freistaates (zu denen, knapp zweijährig, ich gezählt wurde) 10 448 mitgezählte Juden, unter ihnen nur wenige getaufte.

Wechselnd bildeten die Deutschnationalen und die Sozialdemokraten Koalitionsregierungen. 1930 entschied sich der Deutschnationale Dr. Ernst Ziehm für eine Minderheitenregierung. Fortan war er auf die zwölf Stimmen der Nationalsozialisten angewiesen. Zwei Jahre später rief die NSDAP (Nationalsozialistische Deutsche Arbeiterpartei) zu einem Umzug auf, der vormittags durch die Innenstadt und nachmittags durch den Vorort Langfuhr zog, bis er unter Transparenten und Fahnen müde wurde und das Gartenlokal Klein-Hammerpark füllte. Die Schlußkundgebung stand unter dem Motto „Die Juden sind unser Unglück": Zeitungen nannten sie eindrucksvoll.

Zwar protestierte der sozialdemokratische Abgeordnete Kamnitzer im Namen der Danziger Staatsbürger jüdischen Glaubens, aber der Senator des Inneren sah keinen strafrechtlichen Tatbestand, obgleich ihm ein Foto der Transparentinschrift „Tod den Schiebern und Gaunern" vorlag. (Da es unter den Juden Schieber und Gauner gäbe, wie es unter Christen und Atheisten Schieber und Gauner gäbe, betreffe die Todandrohung, so sagte man, nicht nur die jüdischen Schieber und Gauner, sondern auch Schieber und Gauner anderer Konfessionen.)

Nichts Besonderes: ein Aufmarsch mit Ziel zwischen Aufmärschen mit anderen Zielen. Keine Toten, Verletzten, kein Sachschaden. Nur gesteigerter Bierkonsum und Fröhlichkeit nahe dem Schunkeln. (Was man damals sang: „Kornblumenblau" – was man jetzt singt: „So ein Tag, so wunderschön wie heute …") Viel blankgeputzte Jugend und geblümte Sommerkleider: ein Volksfest. da jeder Unglück kennt, fürchtet und meiden möchte, war jedermann froh, endlich das Unglück beim Namen genannt zu hören, endlich zu wissen, wo all die Teuerung, Arbeitslosigkeit, Wohnungsnot und das private Magengeschwür ihren Ursprung haben. Im Klein-Hammerpark, unter Kastanienbäumen, sprach sich leicht alles laut aus. Einen Klein-Hammerpark gab (gibt) es überall. Deshalb hieß es auch nicht: die Danziger Juden sind unser Unglück.

aus: Günter Grass, Tagebuch einer Schnecke. Werkausgabe, Bd 7., S. 17 f.
© Steidl Verlag, Göttingen 1997

Die allmähliche Faschisierung Danzigs: Schule/Hitlerjugend A 7

M 1

„Wir geloben Hitler Treue bis ins Grab ..."
Thingstätte bei Murnau/Oberbayern.

Foto: Stadtarchiv München

aus: Kurt Halbritter, Adolf Hitlers Mein Kampf. © Carl Hanser Verlag München/Wien, 1975/76

> Das ist das Wunderbare, dass in euch das Glied der Erziehungskette unseres Volkes geschlossen ist. Mit euch beginnt sie, und erst wenn der letzte Deutsche in das Grab sinkt, wird sie enden!
> *Adolf Hitler, 1937*

> Ihr habt der Nation ein gewaltiges Versprechen für die Zukunft gegeben.
> *Baldur von Schirach, 1935*

„Ernst und würdig stand der Führer und nahm den Vorbeimarsch der Formationen ab!"

A 7 Die allmähliche Faschisierung Danzigs: Schule/Hitlerjugend

M 2 Der NS-Lehrerbund

Organisationshandbuch der NSDAP:
Das Hauptamt für Erzieher betreut den Nationalsozialistischen Lehrerbund e. V. Der NS-Lehrerbund ist ein der NSDAP angeschlossener Verband …
Das Hauptamt bzw. die Ämter für Erzieher haben bei den zuständigen Behörden alle schulischen Belange der NSDAP zu vertreten. Für amtliche Zwecke, wie Anstellung, Ernennungen und Beförderungen, hat es die politisch-weltanschauliche Beurteilung der Erzieher und Erzieherinnen aller Schulgattungen vorzunehmen.
Die Beurteilungen werden im engsten Einvernehmen mit den zuständigen Kreisleitungen der NSDAP erstellt und in Form von Gutachten den zuständigen Regierungsstellen zugeleitet.
Gleichzeitig wahrt das Amt für Erzieher in Zusammenarbeit mit den staatlichen Anstellungsbehörden die Belange der NSDAP bei Schulstellenbesetzungen, insbesondere bei der Besetzung leitender Stellen (Schulleiter, Amtsleiter, Schulratsstellen usw.) …
Der NS-Lehrerbund ist für die Durchführung der politisch-weltanschaulichen Ausrichtung aller Lehrer im Sinne des Nationalsozialismus verantwortlich. (…)

aus: Harald Focke, Uwe Reiner, Alltag unterm Hakenkreuz, Rowohlt Verlag, Reinbek 1979, S. 80 f.

M 3 Die Einflussnahme der HJ auf die Schule

Ein Foto (…) vom Herbst 1934 macht den Einfluss nationalsozialistisch eingestellter Lehrer auf die Schüler deutlich: Das halbe Kollegium ist uniformiert angetreten. Wenige weitere Hinweise spiegeln nur collagenartig die oft enge Verflechtung von NSDAP und Hitlerjugend mit den Schulen wider. Aus der Hand voll erhaltener Akten der Danziger Schulen geht hervor, dass etwa schon im Juli 1933 die HJ-Zeitschrift „Die Trommel" für eine allgemein bildende Mädchenschule von der Schulleitung in Klassensätzen bestellt wurde. In einer Petition an den Völkerbund beschwerten sich jüdische Akademiker über den früheren Oberbannführer der Hitlerjugend, den 1933 als Staatskommissar für die Schule eingesetzten Franz Schramm, der bei einer mündlichen Abiturprüfung einem jüdischen Schüler die Fragen gestellt haben soll: „Warum lehnen wir die Juden ab?" und „Warum singen wir das Lied: Schleift die langen Messer?" Im April 1935 erließ ein Lehrer seinen Schülern die Hausaufgaben mit der Aufforderung, „am Abend nach der Sporthalle zu gehen und dort die Scheiben einzuwerfen"; dort fand eine Wahlveranstaltung der SPD statt. Eine Sammlung von Aufgaben für die Abschlussprüfung an einer allgemein bildender Mädchenschule im Fach Deutsch vom März 1939 veranschaulicht die ideologische Vereinnahmung der Lerninhalte: „1. Ein deutsches Mädel im Sinne des Führers. 2. Das machtpolitische Dreieck Berlin–Rom–Tokio als Garant des Friedens. 3. Welche Maßnahmen wurden im Dritten Reich zur Heranbildung eines rassereinen und gesunden Volkes getroffen?" Ein kurzer Ausschnitt aus den Lebenserinnerungen eines Jugendlichen wirft schließlich ein Schlaglicht auf die damalige Atmosphäre an den Schulen:

Als ich 1935 von der Volksschule auf ein humanistisches Gymnasium sollte, wurde ich im Städtischen Gymnasium in der Danziger Innenstadt eingeschult. Der Weg dorthin war weit, aber diese Anstalt war noch streng konservativ und hatte einen ausgezeichneten Ruf. Umso mehr wunderten sich meine Eltern, als ich am Ende des ersten Schuljahres immer häufiger „Weisheiten" von mir gab, die so gar nicht in die Linie meines Elternhauses passten. So berichtete ich einmal, dass Jesus gar kein Jude, sondern ein waschechter Arier sei. Das habe man jetzt festgestellt und im Übrigen hätte ein Jude auch gar nicht so tüchtig sein können. Auf die Frage wer uns denn solchen Geschichtsunterricht gäbe erklärte ich, dass wir das in Latein durchgenommen hätten. Auf erstaunte Rückfrage hatte ich weiter zu berichten, dass wir inzwischen einen neuen Schuldirektor hätten, der unser Lateinfach übernommen habe und zu unserer Freude und Zufriedenheit kaum Latein, sondern solche und ähnlich interessante Dinge lehre, übrigens stets in Parteiuniform.

aus: Christoph Pallaske, Die Hitlerjugend der Freien Stadt Danzig 1926–1939. © Münster/New York/München/Berlin 1999, S. 60 ff.

Die allmähliche Faschisierung Danzigs: Schule / Hitlerjugend **A 7**

M 4

Sterben für Deutschland

Am Vorabend des Zweiten Weltkriegs öffnete sich für den Danziger Hitlerjungen Werner Gottschau das Tor zu einem trügerischen Glück. Kurz vor 23 Uhr wurde dem Sechzehnjährigen befohlen, sofort in Uniform zur Dienststelle der HJ-Ortsgruppe zu kommen. Dort warteten zwei Männer auf ihn: ein Offizier der deutschen Wehrmacht mit grauen Lederhandschuhen und ein Führer der SS-Heimwehr Danzig mit schwarzem Stahlhelm. Werner musste stramm stehen und einige Vereidigungsformeln nachsprechen. Dann wurde ihm geheißen, seine HJ-Armbinde abzulegen und einen gelben Armstreifen mit der Aufschrift „Deutsche Wehrmacht" überzuziehen. „Wir werden Krieg haben, und du wirst als Melder eingesetzt, draußen steht ein neues Fahrrad für dich. Nun aber los", erklärten die Männer.

Der begeisterte Hitlerjunge nahm eine Ledertasche mit Briefen, schwang sich auf sein Fahrrad und flitzte unermüdlich zu verschiedenen deutschen Stellungen im Raum Danzig, um seine Meldungen abzugeben. In den frühen Morgenstunden hörte er auf einmal eine ohrenbetäubende Explosion: „Das war eine Wucht. Ich habe die ‚Schleswig-Holstein' schießen sehen, und die Granaten explodierten, und die Mauer flog durch die Luft, die Bäume und Rauch und Lärm – das war was." Es war 4.45 Uhr am 1. September 1939, und der Panzerkreuzer „Schleswig-Holstein" eröffnete gerade das Feuer auf die „Westerplatte". Zur gleichen Zeit betraten deutsche Soldaten polnischen Boden. Der Zweite Weltkrieg hatte begonnen. Von der ersten Stunde an nahm Hitlers Jugend an ihm teil.

Für den Hitlerjungen Werner war der Krieg ein Grund zur Freude. Danzig und die deutschen Minderheiten in Polen müssten „heimkehren" ins Deutsche Reich, hatte Hitler immer wieder lauthals gefordert. Dass Hitlers „endgültige Abrechnung" mit Polen lediglich Auftakt einer Eroberungspolitik sein würde, die ganz Europa mit Leid und Schrecken überzog, ahnte Werner nicht. „Danzig ist nicht das Objekt, um das es geht", hatte der Diktator seinen Generälen insgeheim offenbart: „Es handelt sich um die Erweiterung des Lebensraumes im Osten und Sicherstellung der Ernährung, sowie die Lösung des Baltikum-Problems." Während der Kriegsherr sein Vabanquespiel um die Welt begann, glaubte Werner

an einen gerechten Krieg. Selbst als der Hitlerjunge erfuhr, dass sein Klassenkamerad, der ebenfalls als Melder eingesetzt war, erschossen worden war, ließ seine Begeisterung nicht nach: „Wir kämpfen jetzt, damit wir wieder zu Deutschland kommen, und Opfer müssen gebracht werden, das war uns von vornherein klar." Werner beseelte der Stolz, als sechzehnjähriger Soldat nun sein Teil für Deutschland leisten zu dürfen. „Ich bin den ganzen Tag mit meinem Rad durch unseren Ort gefahren und habe den linken Arm immer schön weit nach vorne gehalten, damit jeder sieht: ‚Oh, Werner Gottschau ist deutsche Wehrmacht.' Kein Mensch hat sich darum gekümmert, ich war richtig enttäuscht."

Erst als deutsche Sturzkampfbomber aus Versehen seinen Heimatort Neufahrwasser bombardierten, bekam die harte Schale des glühenden Hitlerjungen einen Riss. Nackte Angst packte ihn: „Ich habe so geweint, und ich habe so geschrien und gezittert, dass ich das Rad geschoben habe, weil ich nicht fahren konnte, so aufgeregt war ich durch dieses furchtbare Getöse und diesen Staub und die Steine... die Häuser weg, die Dächer auf den Straßen, das war furchtbar." Ein Arzt verabreichte dem Jungen Beruhigungstropfen mit den Worten: „Bist doch ein deutscher Junge, wirst doch jetzt nicht weinen." Werner besann sich, „dann war natürlich klar, dann war ich wieder der deutsche Junge". Eifrig stürzte er zum nächsten Einsatz – und wieder riss die raue Wirklichkeit des Krieges ihn aus seinen Träumen. Polen war so gut wie besiegt: Schon am 19. September sprach Hitler in Danzig, am 27. September kapitulierte Warschau. Werner erhielt die Aufgabe, die ganze Westerplatte abzulaufen, um die polnischen Toten und Verwundeten zu registrieren. „Dieses traurige Bild bin ich nicht losgeworden: Die müden, tapferen polnischen Soldaten, diese hängenden Schultern, als sie aus ihren Bunkern kamen und sich dann ergaben. Sie trugen ihre Toten in Mänteln an uns vorbei. Da habe ich das erste Mal gesehen: Die haben ja auch für Polen gekämpft. Das waren Soldaten wie unsere, in einer anderen Uniform. Ich hab' ja noch nie tote Menschen gesehen. Aber hier lagen sie auf der Erde, waren schmutzig, waren blutig. Das waren Dinge, die habe ich damals nicht verarbeiten können."

aus: Guido Knopp, Hitlers Kinder, München 2000, S. 230 f. © 2000 by C. Bertelsmann Verlag, München, einem Unternehmen der Random House GmbH

A8 Die allmähliche Faschisierung Danzigs: Kirche

M 1

Hitler begrüßt beim Reichsparteitag den evangelischen Reichsbischof Müller und den Abt Schachleitner

Foto: Süddeutscher Verlag, Bilderdienst München

aus: Kurt Halbritter, Adolf Hitlers Mein Kampf.
© Carl Hanser Verlag München/Wien, 1975/76

„Unter uns, zehn davon sind mir lieber, als einmal Hammer und Sichel!"

Die allmähliche Faschisierung Danzigs: Kirche **A 8**

M 2

Verordnung des Gauleiters Arthur Greiser für die Kirchen im „Warthegau"
14. März 1940

1. Es gibt keine Kirchen mehr im staatlichen Sinne, nur religiöse Kirchengesellschaften im Sinne von Vereinen.
2. Die Leitung liegt nicht in Händen von Behörden, sondern es gibt nur Vereinsvorstände.
3. Aus diesem Grunde gibt es auf diesem Gebiete keine Gesetze, Verfügungen oder Erlasse mehr.
4. Es bestehen keine Beziehungen mehr zu Gruppen außerhalb des Gaues, auch keine rechtlichen, finanziellen oder dienstlichen Bindungen an die Reichskirche.
5. Mitglieder können nur Volljährige durch schriftliche Beitrittserklärung werden. Sie werden aber nicht mehr hineingeboren, sondern müssen erst bei Volljährigkeit ihren Beitritt erklären. Es gibt keine Landes-, Volks- oder Territorialkirchen. Wer vom Altreich neu in den Warthegau zieht, muss sich auch schriftlich erst neu eintragen lassen.
6. Alle konfessionellen Untergruppen sowie Organisationen (Jugendgruppen) sind aufgehoben und verboten.
7. Deutsche und Polen dürfen nicht mehr zusammen in einer Kirche sein (Nationalitätenprinzip). Dies tritt für den Nationalsozialismus zum ersten Mal in Kraft.
8. In den Schulen darf kein Konfirmandenunterricht mehr abgehalten werden.
9. Es dürfen außer dem Vereinsbeitrag keine finanziellen Zuschüsse geleistet werden. (Es folgen die Strafbestimmungen, wenn Geistliche noch besondere Leistungen und Spenden annehmen, oder Strafbestimmungen gegen Laien, die Zuwendungen an Geistliche außer dem Vereinsbeitrag machen.)
10. Die Vereine dürfen kein Eigentum wie Gebäude, Häuser, Felder, Friedhöfe haben, außer ihrem Kultraum.
11. Sie dürfen sich ferner nicht in der Wohlfahrtspflege betätigen. Dies steht einzig und allein der NSV zu.
12. Alle Stiftungen und Klöster werden aufgelöst, da diese der deutschen Sittlichkeit und der Bevölkerungspolitik nicht entsprechen.
13. In den Vereinen dürfen sich Geistliche nur aus dem Warthegau betätigen. Dieselben sind nicht hauptamtlich Geistliche, sondern müssen einen Beruf haben.

aus: Georg Denzler, Volker Fabrizius, Christen und Nationalsozialisten. Fischer Taschenbuchverlag, Frankfurt/Main 1993,

M 3 HJ und katholische Jugendverbände

Auch die katholischen Jugendgruppen waren nicht von vornherein auf Konfrontation zur Hitlerjugend festgelegt und sympathisierten vielfach mit dem Nationalsozialismus. Erst die einseitig von der Hitlerjugend ausgehende, offene Konfrontation gegen die katholischen Jugendverbände und -gruppen nach Austritt des Zentrums aus der Koalition mit der NSDAP im September 1933 und besonders die in der Freien Stadt Danzig im Frühjahr 1934 gegen die katholische Kirche einsetzenden massiven Provokationen und Ausschreitungen machte viele ihrer Angehörigen zu Gegnern des Nationalsozialismus und der Hitlerjugend und brachte Teile der katholischen Bevölkerung und auch den Bischof des Bistums Danzig O'Rourke gegen die neue Regierung auf. So fanden sich die Mitglieder katholischer Jugendgruppen, die aufgrund des Reichskonkordats bis 1937 halblegal weiterbestehen konnten, ungewollt in einer „Gegner"-Rolle wieder. Zumindest ein Teil von ihnen ließ sich durch die Einschüchterungen der HJ nicht beeindrucken.

Für die gegen die Katholiken gerichteten inhaltlichen Abgrenzungen und Provokationen der HJ gab es drei Adressaten: einerseits gegen die Kirche selbst, zweitens gegen die Zentrums-Partei und drittens gegen die Jugendgruppen und -verbände, meist einfach als „Zentrumsjugend" betitelt. Einige Textbeispiele – alle vom Sommer 1934, in dem die HJ die Katholiken am stärksten attackierte – veranschaulichen die Argumentationsstrategien gegen Kirche und Zen-

A8 Die allmähliche Faschisierung Danzigs: Kirche

trum; eingangs ein Brief eines HJ-Führers vom Juni 1934 an einen Pfarrer, der bei der Hitlerjugend um die Verlegung einer sonntags geplanten HJ-Veranstaltung nachgefragt hatte:

> Gottestwalde, 25. Brachmond 1934
> Herrn Pfarrer Wiese
> Auf ihr freches Schreiben vom 22. d. M. teile ich Ihnen mit, dass es ein Protesterheben im Sinne zentrümlicher Bonzenwirtschaft und liberalistischen Parlamentarismus bei uns Nationalsozialisten nicht gibt [sic]. Außerdem wird Ihnen jeder Teilnehmer sagen, dass in unseren Morgenfeiern das Wort Gottes und Christentum der Tat reiner verkündet wurde, als es ein Zentrumspfaffe imstande ist [sic]. Die heiligsten Dinge werden von diesen herabgewürdigt. Deshalb haben sie auch kein Recht, bei solchen Angelegenheiten zur Jugend zu sprechen. Geistliche sind es nimmermehr!!
> Der Führer des Unterbannes III/128, gez. Kurt Nothdurft, Unterbannführer

Ein Hitlerjunge stand 1934 vor Gericht, weil er den Pfarrer Olivas zwei Briefe schickte, in denen er die dortigen Gemeindemitglieder als „feiges Gesindel" bezeichnete. Die Oppositionspresse gab den weiteren Inhalt wieder, dass „für die ‚schwarzen Schweine' die Zeit der Konzentrationslager anbrechen werde. Man warte dort schon auf sie und man werde ihnen dort schon die Bäuche abmassieren. [...] ,Nieder mit der schwarzen Pest!'" In einem anderen Fall hatte ein Pfarrer aus Langfuhr eine Predigt eines Wuppertaler Pfarrers in seinem Pfarrbrief abgedruckt, der sich gegen die Formel „So wahr mir Gott helfe" bei der Vereidigung von HJ-Mitgliedern wandte. Die Danziger Hitlerjugend entwarf daraufhin folgendes, in der Oppositionspresse abgedrucktes, vor seiner Verteilung aber konfisziertes Flugblatt gegen den Langfuhrer Pfarrer:

> Kameraden! Herr Pfarrer Walther ist darüber empört, dass ihr euch auf den Führer habt vereidigen lassen. Herr Pfarrer Walther stellt sich damit in die Reihen derjenigen, die Gegner des Führers und damit Gegner des deutschen Volkes sind, wenn er eine solche Predigt verbreiten lässt. [...]
> Wenn jetzt hetzerische Pfaffen die Hitlerjugend in acht Seiten langen Predigten beleidigen, wenn sie sich darüber aufregen, dass der Weg der deutschen Jugend der Weg Alfred Rosenbergs ist, dann können wir darauf antworten:
> Wir pfeifen auf Seelsorger, die die deutsche Jugend für ihre privaten, konfessionellen Dinge missbrauchen wollen. Wir wollen unsere Weltanschauung unseren Jungen und Mädeln einhämmern und niemand wird uns daran hindern können, auch nicht Herr Pfarrer Walther. Diese Geistlichen fürchten sich davor, dass es einmal eine Jugend geben wird, die in den Konfessionen nichts, in Deutschland alles sieht.

> In dieser Predigt wird die Vereidigung unserer Hitlerjungen auf den Führer mit „Knospenfrevel" bezeichnet. [...] Herr Pfarrer Walther! Haben Sie noch nie ein hilflos schreiendes, dreitägiges Wickelkind getauft und für die christliche Gemeinschaft verpflichtet? Wenn wir schon von Knospenfrevel reden, dann muss man so etwas mit diesem Ausdruck bezeichnen.
> Kameraden und Kameradinnen!
> Gebt Herrn Pfarrer Walther und seiner von ihm verbreiteten Predigt die Antwort, sagt euren Eltern, dass ihr einen solchen Geistlichen verachtet, und zwar so verachtet, wie es einem Menschen zukommt, der sich in der gemeinsten Weise gegen die Einheit der deutschen Jugend und damit gegen die Einheit des deutschen Volkes stellt.

Wenn hier nur zur „Verachtung" des betreffenden Pfarrers aufgerufen wurde, stellte Kultussenator Boeck in einer anschließend auch vom Hohen Kommissar des Völkerbundes angemahnten Rede von Ende Juni 1934 bei einer Großkundgebung vor 2000 Angehörigen der HJ deutlich heraus, wie er sich den Umgang mit den „Nörglern" aus den Reihen von Kirche und Zentrum vorstellte:

> Trotz dieser großen Erfolge auf allen Gebieten gibt es überall noch Hetzer und Nörgler, die sich in den Kreisen der Reaktion und vor allen Dingen im Zentrum befinden. Die politisierenden Pfaffen des Zentrums versuchen heute mit allen erdenklichen Mitteln, ihre frühere Macht wieder zu erhalten. Wir Nationalsozialisten haben genug Langmut gezeigt. Dieser Feldzug gegen alle Wühler ist der letzte Appell. Wir werden diese Volksverhetzer dann nicht mehr nur mit geistigen Waffen, sondern auch mit Fäusten bekämpfen, denn Terror kann nur durch größeren Terror gebrochen werden. (...)

Im April 1937 drängte Bischof O'Rourke in einem Hirtenbrief zum letzten Mal auf Weiterbestehen der Jugendverbände. 1938, als O'Rourke sein Amt aufgab und der den Nationalsozialisten loyal gegenüberstehender Splett zum Bischof ernannt wurde, wandte die HJ repressive Maßnahmen gegen die Reste der katholischen Jugendverbände und -gruppen an. Sie wurden verboten und deren teils im Untergrund arbeitenden Mitglieder bis in den Krieg hinein verfolgt. Diese letzte Entwicklung ist kaum dokumentiert. Bis 1939 waren in der Freien Stadt Danzig wie im Deutschen Reich die katholischen Jugendverbände und -gruppen bis auf kleine Reste „zerschlagen".

aus: Christoph Pallaske, Die Hitlerjugend der Freien Stadt Danzig 1926 – 1939. © Münster/New York/München/Berlin 1999, S. 144 ff.

Günter Grass und Danzig **A 9**

M 1

Grass und der Katholizismus

Robert Stauffer: Reden wir einmal über den gläubigen Günter Grass, das heißt über Ihre Kindheit.

Günter Grass: Meine Mutter war katholisch, mein Vater Protestant lutherischer Kirche. Also eine Mischehe, wie man im Kirchengebrauch sagt. Wobei sich natürlich jeweils der stärkere Teil – und das ist der katholische Teil – durchzusetzen pflegte. So war es auch bei uns zu Hause. Eine katholische Erziehung, aber auf lässige Art und Weise, weil durch das Mischverhältnis eine Toleranz von vornherein geboten war, auch im Umgang mit meinem Vater. Und so fiel es mir nicht schwer, gläubig katholisch zu sein und gleichzeitig auch meiner Veranlagung, meinen Träumen, meinen Verstiegenheiten entsprechend, das im Katholizismus zu suchen und auch zum Teil zu finden, was mir heute noch eine gewisse Bedeutung vermittelt: ein optischer, ein akustischer, ein riechbarer Reiz, etwas Heidnisches, das sich – im Gegensatz zur protestantischen Kirche – dort gehalten hat, mit polnischem Hintergrundsland. Meine Mutter kam aus einer kaschubischen Familie, und da spielte das eine große Rolle.

Robert Stauffer: Als Deutschpole in Danzig – Sie haben es selbst erwähnt – gab es von Ihrer mütterlichen Seite her also auch diese typische polnische Ausprägung des Katholizismus, eine Form, die etwa auf der Spitze formuliert, die ist, daß man sagt, Maria, Muttergottes, ist die Königin Polens, also ein marianischer Kult. Und dieser Kult kann besonders für Männer sehr prägend sein. Man sieht das auch etwa bei den Italienern, daß ein sonderbares Verhalten zwischen der religiös gedachten Frau und der irdischen Frau entsteht, fast eine schizophrene Haltung. Wenn man nun Ihr Werk studiert, Ihre Romane ab der *Blechtrommel* bis zum *Butt,* kann man sehen, daß in dem Konfliktfeld, unabhängig von den ernährungsproblematischen oder ernährungstechnischen Anliegen und Absichten und den allgemein emanzipatorischen Intentionen, die Sie haben, eine gespannte Situation ist zwischen der groß und ideal auf dem Podest gedachten Frau, also sagen wir, der Maria, der Muttergottes, und der irdischen Frau mit normal zwei Brüsten, bis zum Wunsch, mehrere Brüste zu haben, mehrfache Mutter zu sein. Würden Sie das heute, im Überblick, lokalisieren können

auf Stimmung und Herkunft des deutsch-polnischen Katholizismus Ihrer Jugend? Sind solche Elemente, solche Antagonismen, in Sie eingebracht worden durch die Erziehung?

Günter Grass: Also die Position, die der Joachim Mahlke in *Katz und Maus* einnimmt, in einem Alter von 14, 15 Jahren, lautet: „Natürlich glaube ich nicht an Gott... Die einzige, an die ich glaube, ist die Jungfrau Maria." Das ist in etwa auch meine Position zwischen dem 13. und 14. Lebensjahr gewesen, im Umbruch: Der Glaube an Gott ist schon weg, hat sich abstrakt verflüchtigt, aber es bleibt diese Bindung an die Jungfrau Maria, dieses sinnliche, übertragbare Moment, vielleicht auch gerade für Jungs mildernde Element, das im Umgang mit der Jungfrau zu suchen und vielleicht auch zu finden war. Gläubig oder als Onaniervorlage, ambivalent in jeder Beziehung, aber doch vorhanden.

Ich glaube, daß das junge Katholiken besonders dort natürlich stark prägt, wo Maria eine große Rolle spielt. Das ist in Polen sicher der Fall und in Italien auch. Und es trägt sicher auch dazu bei, daß innerhalb des Katholizismus die männliche Position nicht so dominant ist wie in der protestantischen Religion. Das ist ja eine reine Männerreligion, sehr auf Gottvater ausgerichtet, und ihr fehlt dieses mildernde, dieses schillernde, dieses erotische Moment völlig, oder es ist völlig verlorengegangen. Bei Luther ist es noch da, aber später verschwindet das im Protestantismus, wird trocken und abstrakt.

Im übrigen ist es in der katholischen Kirche auch auf dem Weg dazu. Die dümmste Reform, die man hat machen können, war die, diese humane, für den einzelnen armen Sünder nachvollziehbare und miterlebbare Welt, die der Maria, auch zu säkularisieren oder sie zu nivellieren. Das ist ein falscher Schritt

der Reform gewesen, in die falsche Richtung, nicht einmal gewollt in Richtung Protestantismus, aber darauf läuft es hinaus. Während die eigentlichen Reformen im sozialen Bereich natürlich ausgespart geblieben sind.

Robert Stauffer: Wann ungefähr sahen Sie das sonderbare Amalgam, das die Kirchen mit den Faschisten eingegangen sind, kritisch? Wann sahen Sie, daß da sehr viel unter den Teppich gekehrt wurde? Es war wohl heftiger zwischen Protestantismus und den Nazi-Leuten als dem Katholizis-

25

A 9 Günter Grass und Danzig

mus. Aber dennoch gab es da zum Beispiel Eugenio Pacelli, der auch seine Finger im Spiel hatte, noch als hoher geistlicher Würdenträger in Deutschland.

Günter Grass: Aufgewachsen bin ich unter anderem in einer Kirche, in der es jeweils auch das „Gebet für den Führer" gab, nicht nur für die Soldaten an den Fronten, sondern auch für den Führer. Es gab keine Fürbitte für Verfolgte, das wurde nicht gesagt. Ich kann auch nicht sagen, daß ich das vermißt habe, weil mir das täglich stattfindende Unrecht und das täglich praktizierte Verbrechen ja nicht bewußt waren in dem Ausmaß. Aber die katholische Kirche in Polen ist mitverfolgt worden. Und wenn wir heute erleben, daß eigentlich eine Arbeiterbewegung wie Solidarność Akzente gesetzt hat, Geschichte verschoben hat, das nach wie vor machtpolitisch intakte System des praktizierten Kommunismus in Frage gestellt hat und weiterhin in Frage stellen wird, und dann sieht, wie in einer Bewegung, die eigentlich, was die Streikbewegung und die Spontaneität in der Bewegung betrifft, wie von Rosa Luxemburg hätte erfunden sein können, dennoch eine andere Frau noch neben Rosa Luxemburg zur Komponente hat, nämlich die Jungfrau Maria, so ist das nur möglich in einem Land, in dem die katholische Kirche in Notzeiten immer auf seiten des Volkes gewesen ist.

aus: Klaus Stahlbaum (Hrsg.), Gespräche mit Günter Grass, Werkausgabe Bd. X, Darmstadt 1987, S. 295 ff.

M 2

Die Provinz als Geburtsort der Literatur

Für „Die Blechtrommel", „Katz und Maus" und „Hundejahre" war damals natürlich der Umgang mit etwas Verlorenem wichtig, aus politischen Gründen absolut Verlorenem. Wir haben den Krieg angefangen, wir haben die Welt verändern wollen, wir haben sie in der Tat verändert bis ins Geografische hinein. Durch den Hitler-Stalin-Pakt wurde Polen nach Westen verschoben, also wurde meine Heimatstadt Danzig wieder polnisch. Wobei man sagen muß, daß die stark von Deutschen, von Holländern und weiteren Einwanderern geprägte Stadt ihre Blütezeit unter polnischer Herrschaft hatte. Über dreihundert Jahre der polnischen Krone unterstellt, begann der wirtschaftliche Niedergang Danzigs erst nach den drei Polnischen Teilungen, als die Stadt an Preußen fiel. Diese durch Zerstörung und Verlust untergegangene Welt wollte ich mit meinen literarischen Mitteln noch einmal beschwören.

Mich hat das Thema, wie sich später herausstellte, nie ganz losgelassen, und bis hin zu den „Unkenrufen" habe ich immer wieder Danzig in den Mittelpunkt meiner Prosaarbeiten gestellt. Nicht thesenhaft, sondern durchs Erzählen wollte ich beweisen, was schon andere Autoren bewiesen hatten: daß die Provinz der Geburtsort der Literatur ist. Daß eben dieser Vorort Langfuhr so groß oder so klein ist, daß alles, was auf der Welt geschieht, auch dort geschehen kann, von dort aus gesehen und begriffen und übers Knie gebrochen und erzählt werden kann. Bevor das Todesurteil gegen Salman Rushdie ausgesprochen wurde, habe ich mit ihm einmal für die BBC ein langes Gespräch geführt, in dem wir uns unter Schreibvoraussetzungen als zwei Handwerker unterhalten haben. Es bringt ohnehin am meisten, wenn sich Schriftsteller als Kollegen handwerklich auseinandersetzen. Bei Rushdie wie bei mir ist Verlust – in meinem Fall Danzig, in seinem Fall Bombay – die Ursache für dieses obsessionshafte Schreiben, dieses Schreibenmüssen, dieses beschwörende Schreiben. Vergangene Dinge, Rudimente, die man wiederfindet, eine Erinnerung an etwas, an ein Brausepulver, was immer auch, eröffnet ein bestimmtes Zeitklima, eine Aura, die vergangen ist, die aber wieder heraufbeschworen werden kann. Später hat ein englischer Germanist den Begriff „Danziger Trilogie" geformt. Ich habe dem nicht widersprochen, obgleich ich nie vorgehabt hatte, eine Trilogie zu schreiben. Das konnte ich gar nicht, denn als Lyriker dachte ich damals: Wenn du „Die Blechtrommel" schreibst, hast du deinen Prosabeitrag geleistet, und damit hat es sich. Nein, es war dann wie bei einer Zwiebel: Man löst eine Haut und die nächste, und es kommt noch eine Haut. Das Gedächtnis wurde zwiebelhaft immer erzählwütiger, und so sind die drei Bücher doch in einem gewissen Zusammenhang entstanden.

aus: Günter Grass, Harro Zimmermann, Vom Abenteuer der Aufklärung. Werkstattgespräche, S. 78 f. © Steidl Verlag, Göttingen 1999

Annäherung an Mahlke **A 10**

M 1

„Was hat er nur?"
(S. 32)

„Der hat nen Tick, sag ich."
(S. 32)

Arbeitsauftrag

Versuchen Sie, Ihren Eindruck von Joachim Mahlke wiederzugeben.
Versetzen Sie sich dafür in die Situation eines Ehemaligen-Treffens. Die alten Herren, Schüler des Danziger Conradinums, unterhalten sich anlässlich einer Feier zum 50. Abiturjubiläums über ihren ehemaligen Mitschüler. Anwesend sind an diesem Abend Hotten Sonntag, Jürgen Kupka, Winter, Buschmann, Esch, Bansemer. Sie tragen je einen Aspekt zu diesem Persönlichkeitsbild Mahlkes bei: sein Aussehen, sein Auftreten, seinen Charakter, seine Erfolge bei Frauen und beim Militär. Nehmen Sie bei Ihrem Versuch, sich über Mahlke zu verständigen, die folgenden Seitenangaben zu Hilfe, lassen Sie sich aber auch von Ihrem eigenen subjektiven Bild leiten.
Aussehen: S. 25 f., 37, 44 – 46; Auftreten: S. 50 – 55;

M 2   Informationen über Mahlke

Aussehen (S. 25 f., 37, 44 – 46)	Riesiger Adamsapfel, den Mahlke durch verschiedene Geräte zu verdecken versucht (Anhängsel, Bindfäden, Schnürsenkel, Kettchen …) Leidensmiene, übertrieben stilisierte Handhaltung Helle Augen (Farbe?), längliches Gesicht, das Gesicht ein zum Kinn hin zugespitztes Dreieck, der Mund sauer verkniffen, ausladender Hinterkopf, mit Zuckerwatte fixierter Mittelscheitel
Auftreten (S. 50 – 55)	Selbstsicher-beherrscht (trägt Ohrenschützer, ohne sich zu genieren) „sicher und verlegen zugleich", „flau und witzlos", dabei aber faszinierend und voller Überzeugungskraft (bringt die Jungen und Mädchen dazu, aufs Eis zu pinkeln, ohne sich selbst daran zu beteiligen). Mahlke bestimmt das Geschehen und schickt die anderen anschließend fort.
Charakter (S. 46, 59, 69 f.)	Mahlke will unbedingte Aufmerksamkeit auf sich ziehen, will ankommen, tut nichts ohne Publikum. Dabei reagiert er aber unbeherrscht und jähzornig, wenn er sich in seiner Persönlichkeit angegriffen fühlt. Er rettet einen jüngeren Mitschüler aus einer lebensgefährlichen Situation und zeigt dabei viel Mut.
Erfolge bei Frauen (S. 40 f., 140 – 143)	Mahlke besitzt eine mächtige Potenz, die Jungen wie Mädchen in Bann zieht. Er überzeugt so auch die ältere Frau seines Vorgesetzten und rächt sich damit für dessen Demütigung im Dienst. Sein Erfolg ist aber nicht auf den Augenblick begrenzt; selbst über längere Zeit hinweg sucht diese Frau Kontakt mit ihm.
Erfolge beim Militär (S. 141, 144)	Mahlke entdeckt ein Partisanenmagazin. Er macht schnell Karriere: vom einfachen Richtschützen zum Unteroffizier, Panzerkommandanten, Ritterkreuzträger

A 11 Der Adamsapfel – Mahlkes Stigma

M 1

„Mahlkes Adamsapfel fiel auf, weil er groß war, immer in Bewegung und einen Schatten warf." *(S. 5 f.)*

„Schön war er nicht. Er hätte sich seinen Adamsapfel reparieren lassen sollen. Womöglich lag alles nur an dem Knorpel." *(S. 37)*

Arbeitsaufträge

1. Pilenz urteilt an dieser Stelle (S. 37) sehr vorsichtig. Versuchen Sie, Argumente zu finden, die ihn in seiner Ansicht bestätigen. Nehmen Sie als Anhaltspunkte die Versuche Mahlkes, seinen Adamsapfel hinter verschiedenen Geräten verschwinden zu lassen.
Beschreiben Sie dabei jeweils die Wirkungsabsicht und die weiter gehende Bedeutung der folgenden Gegenstände:

Schraubenzieher:	S. 9 f., 18 f., 46
Medaillon:	S. 20 ff.
Büchsenöffner:	S. 30 f.
Puscheln:	S. 47 – 49, 60 f.
Schal und Sicherheitsnadel:	S. 49 – 51
Fluoreszierende Plaketten:	S. 66 f.

2. Schließlich findet Mahlke im Ritterkreuz „zum erstenmal ein genaues Gegengewicht" (S. 104). Beschreiben Sie auch hier die Wirkungsabsicht und die weitergehende Bedeutung, die dieser Orden für Mahlke besitzt. Gehen Sie zusätzlich auf die Bewertung des Erzählers ein. Welchen Wert hat das Ritterkreuz am Ende der Erzählung? (S. 104 – 107, 146, 160, 165, 171, 173 f.)

Der Adamsapfel – Mahlkes Stigma   **A 11**

M 2 Gegenstände, die den Adamsapfel verbergen sollen

Schraubenzieher (S. 9 f., 16 f., 46)	Der Schraubenzieher soll von Mahlkes Gurgel ablenken. Er ist zugleich ein Instrument, mit dem Mahlke Gegenstände im U-Boot abschraubt, die den anderen imponieren; er stammt aus England (Sheffield), ist ein Kultgegenstand aus Stahl; dient auch im Zweikampf als Waffe.
Medaillon (S. 20 – 22)	Es gibt unterschiedliche Medaillons: eine handgroße Bronzeplakette mit dem Relief des polnischen Generals Pilsudski; eine markstückgroße Medaille aus Silber mit dem Relief der Jungfrau mit dem Kind (Matka Boska Czestochowska); ein silbernes Kettchen mit einem Marienanhänger (s. S. 12). Mahlke darf die polnische Plakette aus politischen Gründen bald nicht mehr tragen; das Medaillon mit der Jungfrau Maria verdeutlicht seinen Marienglauben.
Büchsenöffner (S. 30 f.)	Wie der Schraubenzieher und das Medaillon hängt der Büchsenöffner an einem Bindfaden um den Hals. Auch der Büchsenöffner stammt aus dem U-Boot und dient dazu, halb vergammelte Büchsen zu öffnen und den Inhalt zu verzehren, womit Mahlke den Ekel seiner Klassenkameraden hervorruft und die eigene Willensstärke unter Beweis stellt.
Puscheln (S. 47 – 49, 60 f.)	„Puscheln" sind Wollbällchen, die an einer geflochtenen Wollschnur unter dem Hemdkragen geführt und vorne zu einer Schlaufe gebunden werden. Sie entwickeln sich zu einer Modeerscheinung in Deutschland. Das Material besteht bei Mahlke aus den Wollsocken seines Vaters. Im III. Reich gelten Puscheln als „weibisch"; ihr Tragen wird verboten und gilt daher als Zeichen von Nonkonformität. Die Puscheln beruhigen zunächst Mahlkes Nervosität, sie verlieren aber ihre Wirkung, als jeder sie trägt und sie damit nicht mehr auffallen. Mit dem Ritterkreuz können sie nicht mithalten; Mahlke entfernt sie daher.
Schal und Sicherheitsnadel (S. 49 – 51)	Mahlke trägt einen grauen Wollschal, der durch eine weithin sichtbare Sicherheitsnadel zusammengehalten wird. Er ähnelt damit dem Clown Grock; die Wirkung ist anziehend und abstoßend zugleich: „komisch, sehr komisch, schrecklich komisch".
Fluoreszierende Plaketten (S. 66 f.)	Die Plaketten werden auf den verdunkelten Straßen v. a. von älteren Menschen getragen, um aufzufallen und nicht in einen Unfall verwickelt zu werden. Mahlke trägt 5 bis 6 davon zunächst am Mantelaufschlag, später am Schal. Die gewünschte Wirkung tritt nicht ein. Mahlke wirkt lächerlich, wie ein „dürftiges Gespenst", das verbergen will, was ohnehin niemand gesehen hätte.
Das Ritterkreuz (S. 104 – 107, 146, 160, 165, 171, 173 f.)	Der Kriegsorden hat eine Vorgeschichte seit 1813; er wird direkt am Hals getragen und zeichnet seinen Besitzer als Kriegshelden aus. Mahlke hat damit erstmals ein Mittel gefunden, das „ihm gut tat und sich ausgewogen kreuzte". Der Orden hat für ihn auch eine sexuelle Komponente: zusammen mit Pilenz singt er Varianten auf das Englandlied, in denen Mädchen und Lehrerinnen „angebohrt" werden; er lässt ihn vor seinem Geschlechtsteil baumeln, bedeckt damit aber nur ein Drittel davon. Später verliert der „große Bonbon" seine magische Wirkung; er hängt wie der Schraubenzieher früher an einem Schnürsenkel um Mahlkes Hals. Kurzfristig befestigt Mahlke ihn wieder am Hals und wirkt wie ein „aufgeräumter Onkel". Am Ende aber dient der Orden als Spielzeug, er hat ausgedient: was zunächst als Mittel zur Überwindung von Minderwertigkeitskomplexen diente, erweist sich letztlich als Ursache von Mahlkes Untergang. Pilenz beschreibt seine ambivalente Bedeutung: Mahlke muss am Ende „ohne jenen Bonbon, dessen Süße Bitternis zum Zwilling hatte", auskommen.

A 11 Der Adamsapfel – Mahlkes Stigma

M 3

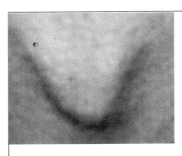

Adamsapfel, *1. in der Anatomie: pomum adami oder prominentia laryngea*, Bez. des zum oberen Schildknorpel gehörigen, beim Manne stärker entwickelten Teiles des Kehlkopfes; offenbar aus der volkstümlichen Auffassung geflossen, dass der von *Adam in Übertretung des göttlichen Verbots (Gen. 2,17) gegessene *Apfel (Gen. 3,6) ihm im Halse stecken geblieben sei und dem Menschen als ewiges Zeugnis der Sünde des ersten Menschen anhafte. Im Französ., Engl., Schwed., auch in slawischen Sprachen ähnlich: pomme d'Adam usw. Im Anschluss an eine Vermutung von F. Kluge EWB, der eine ausführliche Wortgeschichte gibt, ist die Möglichkeit zu erwähnen, dass A. eine volksetymologische Umdeutung des hebr.-medizinischen Ausdrucks *tappu·ach ha·adam* ist; *adam* bedeutet sowohl Mensch, Mann (also: Mannesknorpel) als auch den ersten Menschen Adam. – Von einem Apfel ist übr. im bibl. *Sündenfallbericht nirgends die Rede.

aus: Jüdisches Lexikon. Neuausgabe 1992, Bd. 1 (A–C), Suhrkamp Verlag, Frankfurt/Main 1992
Foto: Cinetext GmbH, Frankfurt

M 4
Der Adamsapfel – ein Kennzeichen der Adoleszenz

Die Charakterisierung von Mahlkes Wesen hat Grass stückweise auf weit auseinander liegende Seiten seiner Novelle verteilt. Das entspricht der berühmten „Lebenserfahrung": man hat von der Erscheinung eines anderen auch nicht immer alles zugleich, man sieht manches Offenliegende erst so spät.

Ein Merkmal hat Grass gleich auf der ersten Seite hervorgehoben: „Mahlkes Adamsapfel fiel auf, weil er groß war." Das ist nicht nur ein Hässlichkeitsmerkmal unter anderen, das ist ein wesentliches biologisches Indiz, und Grass trifft die Wahrheit, die konstitutionsbiologische und die entwicklungspsychologische, wenn er von Anfang an diesen Adamsapfel expressionistisch zum Leitmotiv macht. Entscheidendes muss man gleich sehen, wenn man etwas Treffendes aussagen will.

Zeller beschreibt in seinem Lehrbuch über *Konstitution und Entwicklung* (1957) den „Aufbau der Männlichkeit": „Die Linien des Halses sind stärker geschwungen, wozu auch die stärkere Prominenz des Kehlkopfes beiträgt" (S. 49). „Auch die Entwicklung des Kehlkopfes ist ein Zeichen männlicher Reifung, doch machen sich hier konstitutionelle Momente insofern bemerkbar, als gewisse körperbauliche Endformen einen großen, stark prominenten Schildknorpel besitzen, andere dagegen eine Kehlkopfbildung zeigen, die eine stärkere Prominenz und Größe des ganzen Organs vermissen lässt" (S. 75). Mahlkes Konstitution ist angelegt auf das Reifungsendprodukt eines pronenzierten Adamsapfels. Den zugrunde liegenden Entwicklungsprozess hat Mahlke vorschnell, vorzeitig durchlaufen (wie die Frühentwickler, von denen Zeller im genannten Buch einige Beispiele vorstellt).

Es lässt sich rekonstruieren, dass Mahlke 14-jährig war, als die Frühreife mit einem kräftigen Schub einsetzte. Mit 15 Jahren muss Mahlke sich rasieren. Weitere Reifungszeichen führt Grass mit derber Sachlichkeit vor. Eine realistische Schilderung jungenhaft-spielerischer gemeinsamer Onanie enthüllt: Mahlke, der vor den Klassenkameraden von einem halbwüchsigen Mädchen zum Mittun provoziert wird, verfügt über ein ausgewachsenes, viriles Sexualorgan und über eine entwickelte ejakulative Potenz. Hierin ist Mahlke männlich, die Mitschüler sind noch Knaben.

Emil Ottinger, Zur unterdimensionalen Erklärung von Straftaten Jugendlicher am Beispiel der Novelle „Katz und Maus" von Günter Grass, aus: Gert Loschütz (Hrsg.), Von Buch zu Buch. Günter Grass in der Kritik. Luchterhand Verlag, Neuwied 1968, S. 40

Das Ritterkreuz – Mahlkes Traum A12

M 1

Ritterkreuz des Eisernen Kreuzes

Die äußere Form des nach dem Entwurf von Karl Friedrich Schinkel geschaffenen Kreuzes ist auch jetzt unverändert geblieben, die Vorderseite des schwarzen Mittelfeldes trägt aber das Hakenkreuz und die Jahreszahl 1939, die Rückseite die Zahl 1813. Das Band ist schwarz-weiß-rot. Das Ritterkreuz ist etwas größer als das Eiserne Kreuz 2. Klasse und wird am Halse getragen. Das Großkreuz ist etwa doppelt so groß wie das Eiserne Kreuz 2. Klasse; es wird am Halse an einem breiteren schwarz-weiß-roten Bande getragen.

aus: Heinrich Doehle, Orden und Ehrenzeichen im Dritten Reich. Berlin 1940, S. 57

Foto: Ullstein Bilderdienst, Berlin

M 2

aus: Klaus Theweleit, Männerphantasien Bd. II, S. 172, Frankfurt 1978

31

A 12 Das Ritterkreuz – Mahlkes Traum

M 3

Emsdetten empfängt seinen Ritterkreuzträger

Oberleutnant Joe Bisping und sein Kamerad Noell festlich eingeholt

=n= **Emsdetten**, 13. November

Schnell hinaus zum Teekotten, zur Grenze zwischen Emsdetten und Rheine, wo der erste festliche Empfang Joes, des mit dem Ritterkreuz ausgezeichneten Sohnes Emsdettens, des Oberleutnants Joe Bisping, stattfinden soll. Schon lange vor der festgesetzten Zeit wimmelt es hier von Emsdettener Jungen, die zu Fuß und mit dem Fahrrad herausgekommen sind, um die zwei Ritterkreuzträger zu umjubeln. Dann finden sich auch die Ehrengäste ein und als schließlich zwei stolze Reiter der Gendarmerie in großer Galauniform auf prächtigen Pferden auftauchen und dazu noch eine offene Galakutsche mit zwei herrlich gepflegten Apfelschimmeln, da muß es wohl soweit sein. Die an der Theke drinnen kippen noch schnell einen Korn gegen die Kälte herunter. Dann aber nach draußen, wo frenetisches Geschrei aus vielhundert Jungenkehlen die Ankunft der Ritterkreuzträger meldet.

Da kommen sie auch schon. Bürgermeister Hülsmann entbietet ihnen den ersten Willkommensgruß, der Ortsgruppenleiter Gimpel, Kreisleiter Weber und Landrat Dr. Tanzeglock-Tecklenburg, der heute Landrat Dr. Krupp vertritt, schließen sich an. Der Schlag der Galakutsche ist geöffnet. Die Herren steigen ein. Da dreht sich in Frack und Lack der Kutscher um:

„Heil Hitler, Joe!"

Und Joe Bisping, der echte Emsdettener Junge, freut sich unbändig, gleich einen alten Bekannten begrüßen und ihm die Hand schütteln

zu können.

Die Fahrt nach Emsdetten und durch die mit Menschen überfüllten Straßen beginnt. Wir sind vorausgefahren, um rechtzeitig am Sanduferplatz zu sein, wo die Hitler-Jugend die Ritterkreuzträger begrüßen will. Hier herrscht ein lebensgefährliches Gedränge. Die Emsdettener Betriebe haben heute etwas früher geschlossen, um allen Gelegenheit zu geben, beim Empfang dabei zu sein.

Brausende Heilrufe melden die Ankunft des Wagens. Was nützen da Absperrungen, was heißt hier Verkehrsordnung. Von allen Seiten stürzen die Jungen und Mädel heran. Mit Mühe werden die beiden rotbackigen BDM-Mädel ihre Chrysanthemensträuße los. Hundert Hände strecken sich den Ritterkreuzträgern entgegen und ganz Verwegene schwenken sogar Papier und Bleistift, um vielleicht – wer weiß – doch noch ein Autogramm zu erhaschen. Und groß ist der Jubel, als die zwei über diesen Empfang sichtlich gerührten Ritterkreuzträger zwei der Kleinsten – gut zwei Jahre mochten der Bub und auch das Mädel sein – auf den Schoß nahmen und mit ihnen weiterfuhren. Die Jungen und Mädel hinterher. Eine Flut ergoß sich durch die Straßen und auch die Tatsache, daß der Wagen schließlich außerhalb der Stadt im Trab fuhr, konnte der Begeisterung keinen Abbruch tuen. Man trabte mit und schrie sich die Kehlen heiser.

Vor dem Elternhause des Oberleutnants Bisping haben sich die Angehörigen, Verwandten und näch-

sten Bekannten mit zahllosen Blumensträußen eingefunden. Abermals

stürmischer und herzlicher Empfang.

Drinnen warten die Ehrengäste und Ratsherren, um ihre Glückwünsche und Blumen los zu werden und der kleine Saal, in dem das kameradschaftliche Beisammensein stattfinden soll, ist in eine wahre Blumenhandlung verwandelt. Soviel Körbe und Topfpflanzen, Sträuße und Geschenke waren schon vorher abgegeben. Aber Pg. Eickholz, der Propagandaleiter und Zeremonienmeister dieses Tages, hatte auch sonst dem Saal ein wahrhaft festliches Gepräge gegeben.

Nun nimmt man Platz. Zwischen seinen stolzen Eltern, die Mutter für ihre acht Kinder mit dem Goldenen Ehrenkreuz geschmückt, sitzt mit Oberleutnant Bisping, der Beobachter dieser verschworenen Besatzung, zwischen dem Bürgermeister und dem Kreisleiter Oberleutnant Noell, der Flugzeugführer. Hellblond und mit kantigem Westfalenschädel Oberleutnant Bisping, schwarz und etwas zierlicher Oberleutnant Noell. Aber das sehen die Gäste, die sich nun mit den Familienmitgliedern in zwangloser Reihe angliedern, kaum. Aller Augen sehen auf

die beiden Ritterkreuzträger,

die Goldenen Feindflugspangen, die Orden und Bänder dieser Besatzung. „Dreizehn Orden hat der Joe nun", berichtet mein Nachbar.

Münsterische Zeitung, 13.11.1941

aus: Paulheinz Wantzen, Das Leben im Krieg… Bad Homburg 2000, S. 629

M 4 **Vorm Kampf**

Also übermorgen! Am 21. März 1918. Das ist der Tag der Entscheidung, an dem wir
den ungeheuren Gang mit einem Faustschlag zu Ende führen, die eisernen Ketten
sprengen und unsere Sturmkolonnen mit letztem Schwung zum Meere stoßen werden. Die Welle nach Westen, vier Jahre lang vor feurigen Dämmen gestaut und
zerschlagen, wird endlich zum Ziele schäumen. Die Stunde des großen Durchbruchs
und seiner Aufwertung ist gekommen, wir werden eine Bresche in das Bollwerk schlagen, die niemand stopfen kann. Wir werden das stählerne Netz zerreißen, damit die
Massen, die hinter uns harren, seine Enden ergreifen, sich in die offenen Flanken
fressen, um, aufrollend, verfolgend und vernichtend, durch den Sieg, unseren unerschütterlichen Glauben an ihn zu heiligen.

Keiner ist in unserem Kreise, der daran zweifelte. Vier Jahre lang haben wir diese
Überzeugung von Schlachtfeld zu Schlachtfeld getragen, sahen Tausende stürzen im
Wettrennen zur großen Verheißung, wurden während kurzer Urlaubstage als
Vollstrecker heiliger Sendung gefeiert, haben Jugend und allen Schimmer der Welt
in die dunkle Wagschale geworfen und so viel für unsere Ideale geopfert, daß ihr Un-
tergang auch der unsere sein würde.

Wir haben mit neun Jahren das „dulce et decorum ...“ gelernt, zu Haus, in Schulen,
Universitäten und Kasernen ist der Begriff „Vaterland“ in die Nebelwelt unserer
Anschauung als Mitte gesetzt wie die Sonne in das Planetensystem, wie der Kern in
den Kraftwirbel eines Atoms. An den grauen Wänden der Kasernenflure kündeten
goldene Lettern die Namen der in früheren Kriegen Gefallenen, und die Sprüche
darunter mahnten uns, stets dieser Helden würdig zu sein. Die Denkmäler der Ge-
nerale auf den Plätzen, das Studium der Geschichte, das uns zeigte, wie eng Größe
und Niedergang eines Volkes mit seinen Kriegen verkettet sind, die ernsten Gesichter,
mit denen Generationen von Offizieren von den Wänden unseres Kasinos auf uns
niederblickten, blitzende Orden und zerschossene Fahnen, deren Seide nur an hohen
Festtagen über der Menge wehte: das alles hat uns den Krieg zu einer feierlichen und
gewaltigen Sache gemacht. Wir fühlten uns als Erben und Träger von Gedanken,
die durch Jahrhunderte von Geschlecht zu Geschlecht vererbt und der Erfüllung näher
getragen wurden. Über allem Denken und Handeln stand eine schwerste Pflicht, eine höchste Ehre und ein schimmerndes Ziel: der Tod für das Land und seine Größe.
So waren die Kräfte, die der Aufbruch des lange Erwarteten in uns befreite und hin-
ausschleuderte, von einer Gewalt, die wir für mächtiger und unwiderstehlicher hielten als alles bisher. Familie, Liebe, Lust am bunten Lichtspiele des Lebens, alles
wurde von ihnen überglüht, als sie in Rausch und Taumel uns über die Grenzen hinaus dem Siege entgegenstießen. War die Arbeit auch unermeßlich schwerer, als uns
beim Losbruch geträumt, so stehen wir doch jetzt vorm Lohne, das letzte Ende der
Bahn liegt vor uns, und übermorgen soll es bezwungen werden.

Der Hauptmann hat eben geredet. Sind uns auch im Geschehen die einst so großen
Worte von Ruhm und vom fröhlichen Tode der Ehre blaß und leer geworden, heute
haben sie wieder Klang und Spannung wie einst; wir trinken auf den Sieg und
lassen die Gläser an der Wand in Scherben zerspritzen. Er hat recht, das Bataillon
wird seine Sache schon machen, wir sind stolz, als erste Welle über die zertrommel-
ten Gräben brausen zu dürfen. Wir sind Kameraden, wie nur Soldaten es sein können, durch Tat, Blut und Gesinnung zu einem Körper und einem Willen
verwachsen. Erprobte Vorkämpfer der Materialschlacht, wissen wir wohl, was uns be-
vorsteht, doch wir wissen auch, daß keiner in unserem Kreise ist, den heimlich die Angst
vor der großen Ungewißheit würgt.

aus: Ernst Jünger, Sämtliche Werke, Bd. 7. Betrachtungen zur Zeit.
Klett-Cotta, Stuttgart 1980

A 13 Das Minensuchboot – Rückzugsort und Todesort

M 1

Das Minensuchboot – Bedeutung des Handlungsortes/Tafelbild

Charakteristika	Beispiele
Ein Ort für Mahlkes Selbstdarstellung a) durch das Emporbringen diverser Gegenstände (Kap. I, II)	Schraubenzieher (S. 10), „irgendein Scharnier" (S. 11), Plaketten (S. 20 f.), Grammophon (S. 26), Büchsenöffner und Konservendosen (S. 30 f.)
b) durch sein Potenzgehabe (Kap. I, III, VIII)	Minimax: „Mahlke bewies es uns, löschte mit Schaum…" (S. 10) Die Olympiade (S. 40 f.) Die Zirkusnummer (S. 104 f.)
Eine Rückzugsmöglichkeit (Kap. VI)	Zugänglich nur für Mahlke (S. 70 f.) Die Funkerkabine als Mahlkes „Bude" (S. 72–74) und „Marienkapellchen" (S. 75)
Ein Todesort (Kap. III, VI, XIII)	„Das Gequatsche vom toten Mariner im Kahn" (S. 42 f.) Rettung eines Tertianers aus Lebensgefahr (S. 69 f.) Der letzte Aufenthaltsort Mahlkes (S. 174–176)

Religiosität und Sexualität **A14**

M 1

Raffael, Sixtinische Madonna 1512/13. Staatliche Kunstsammlungen Dresden

„...Eigentlich (...) gab es für Mahlke, wenn schon Frau, nur die katholische Jungfrau Maria."
(S. 43)

A 14 Religiosität und Sexualität

M 2

Marienverehrung und der Jungmann

...Jugend ist die Zeit des Werdens, des äußeren und inneren Kampfes. Es erwachen die Leidenschaften, es ist ein Gären und Ringen im Menschen, ein stürmisches Drängen und Wachsen. In dieser Jugendnot muss ein Ideal vor der Jugend stehen, stark und machtvoll, ein lichtes, helles Ideal, das selbst nicht berührt wird von dem Drängen und Gären, sondern das die wankenden Herzen emporreißen kann, das durch seinen Glanz das Unedle und Gemeine überstrahlt und den schwankenden Sinn nach oben zieht. Dieses Ideal soll dem jungen Menschen Maria sein, in der sich eine alles überstrahlende Reinheit und Schönheit verkörpert. „Man sagt, es gibt Frauen, die durch ihre Gegenwart erziehen, da ihr Benehmen schon niedrige Gedanken verscheucht, kein zu freies Wort über die Lippen lässt. So eine edle Frau ist vor allem Maria. Ein junger Ritter, der sich ihrem Dienst geweiht, der überzeugt ist, dass ihr Blick auf ihm ruht, ist zu einer Gemeinheit nicht fähig. Sollte er aber doch, ihrer Gegenwart vergessend, fallen, so wird die Erinnerung an sie brennenden Seelenschmerz bewirken und dem Edelsinn wieder zur Herrschaft verhelfen." (P. Schilgen S. J.)

Maria steht vor dem Jungmann als unerreichte Anmut, Hoheit und Würde, wie sie in Natur, Kunst und Menschenwelt nicht zu finden ist. Warum haben die Künstler und Maler immer wieder der Madonna ihr Können und Schaffen geweiht? Weil sie in ihr die erhabenste Schönheit und Würde erblickten. Das ist eine Würde und Schönheit, die nie enttäuschen wird. Da steht eine Herrin und Königin vor dem Jungmann, „der zu dienen, vor der zu bestehen höchste Ehre sein muss. Da ist die hehre Frau und Seelenbraut, der du dich hingeben kannst mit der ganzen aufquellenden Liebeskraft deines jugendlichen Herzens, ohne Entwürdigung und Entweihung zu fürchten."

Das Marienideal soll den jungen Menschen begeistern; zumal in einer Zeit, die es liebt, das Strahlende zu schwärzen und das Erhabene in den Kot zu ziehen, soll das Marienideal vor ihm aufleuchten als Rettung und Kraft. In ihm soll der junge Mann begreifen, dass es doch etwas Großes und Erhabenes ist, um seelische Schönheit und Keuschheit. In ihm soll er die Kraft finden, den Weg aufwärts zu gehen, auch wenn alle anderen in den Niederungen ihr Bestes verlieren. Das Marienideal soll den Schwankenden zur Besinnung rufen, den Strauchelnden wieder aufrichten und stark machen, ja es soll gar den Gefallenen ergreifen, damit er mit neuem Mut sich aufrafft.

(...)

Ihr Jungmänner, die ihr idealen Sinn habt und um heilige Tugend einen Ringkampf führet, schauet auf zu eurer Herrin und Königin. Wie kann ein junger Mann zu ihr aufschauen, ohne mit heiligem Idealismus erfüllt zu sein? Wie kann er sie im Ave Maria grüßen, ohne Sehnsucht nach starker Keuschheit in sich zu tragen? Wie kann er die herrlichen Marienlieder singen, ohne den Mut zum Kampfe in sich zu fühlen? Wie könnte ein Jungmann, der das Marienideal erfasst hat, hingehen und an Frauenunschuld zum Räuber werden? Wie kann er sie Mutter und Königin nennen und dann an weiblicher Würdelosigkeit Geschmack gewinnen? Ja, das Marienideal ist, wenn es nur ernst genommen wird, für den jungen Mann ein starker Antrieb und ein mächtiger Aufruf zur Keuschheit und Männlichkeit. „Auf sie schauend, ihr Bild im Herzen tragend, musst du nicht rein werden, so schwer du auch zu ringen hast?" Für die sittliche Haltung des jungen Mannes entscheidend ist seine Stellung zum Mädchen, zur Frau.

Katholisches Kirchenblatt, Nr. 18, 3.5.1931,

zitiert nach: Wilhelm Reich, Die Massenpsychologie des Faschismus (1933), Fischer Taschenbuch 1974, S. 155 ff.
© Kiepenheuer & Witsch, Köln 1971

Musik **A 15**

M 1   Zarah Leander

Foto: Cinetext GmbH, Frankfurt

Für die Nazis war sie die Sünderin, Sünderin vom Dienst, so, wie die Schinken mit der glutäugigen Zigeunerin überm kleinbürgerlichen Ehebett die Wolllust bedeuten, die das Ende dieses Bettes wäre, wenn sie gelebt würde, die aber als kontrapunktisches Element nötig ist, um schaudernd-befriedigt nach Ausknipsen der Nachttischlampe doch lieber im Mief des Federbettes Kraft für den nächsten Arbeitstag zu schöpfen, als den Kampf mit den eigenen Dämonen auszukämpfen... yes, Sir, das war sie, karottenrotes, feuerrotes Haar, wie es die deutsche Überlieferung dem Teufel zuschreibt, hermaphroditische Stimme, halb Mann, halb Frau, auch der Teufel war ja Schlange am Baum der Erkenntnis, also weiblich, oder war er doch männlich wie der stürzende Luzifer?... kann denn Liebe Sünde sein: Zarah, beinahe schon Sarah und vielleicht noch sündiger durch dieses Z. Z der Zedern des Libanon, Z wie zionistisch, Z wie Zinnober, Farbe der Hexen, E.T.A. Hoffmanns Klein-Zaches, genannt Zinnober, auch teuflisch, schon sind wir wieder bei den Haaren, rot schimmerten sie durch alle Schwarzweiß-Filme, das war einfach im Bewusstsein, dass sie rot sein mussten, bei *der* Stimme, ein roter Feuerschopf, lodernd über der nazispießigen Wohlanständigkeit, diese Haare.

Sie war für die ganz großen Sachen zuständig, in ihrem Busen wogte, so schien es, „das Herz einer Königin", natürlich einer, die über die Stränge schlug, aber königlich – sie kannte es, das „Lied der Wüste", das für Rommels Soldaten dann allerdings ganz anders klang – und Zarahs Russland, ach, „es war eine rauschende Ballnacht" im Kino für die Soldatenfrauen, deren Männer *auch* in Russland waren, allerdings nicht auf einer rauschenden Ballnacht, so wenig wie die Frauen in den Kinosesseln.

Für Visconti verkörperte ihre Stimme, diese Stimme, die noch mehr Körper zu haben scheint als Zarahs eigener schwerer Körper, die Allgegenwart des nationalsozialistischen Bürokraten- und Technokratenmordes: „Nachts ging das Telefon...", singt Zarah in Viscontis DIE VERDAMMTEN in dem Augenblick, als Ingrid Thulin weiß wie eine Leiche und kaum noch lebendig, zu ihrer letzten Hochzeit geht, oh ja, „Nachts ging das Telefon", und nicht nur das, sondern auch die Abtransporte derjenigen, die den nationalsozialistischen Säuberungsbeamten als auszumerzende Schädlinge in die Augen gestochen waren, auch jener zionistischen Sarahs, deren Bild in den Köpfen doch von dem, was Zarahs Bild im Kino war, gar nicht so sehr abwich. War nicht auch Zarah im Kino sinnlich, beängstigend, vermögend, wollüstig, elegant, ausbeuterisch – alles das, was man der „jüdischen Weltpest" seinerzeit nachsagte?

Helma Sanders-Brahms, aus: Jahrbuch Film 1981/1982, Hanser Verlag, München 1981, S. 165 f.

A 16 Der Vater-Sohn-Konflikt

M 1

(1) Auch die Schnee-Eule hatte den ernsten Mittelscheitel und zeigte, gleich Mahlke, diese leidende und sanft entschlossene, wie von inwendigem Zahnschmerz durchtobte Erlösermiene. Sein Vater hatte ihm den gut präparierten und nur zart gezeichneten Vogel, dessen Krallen Birkengeäst umspannten, hinterlassen. *(S. 25 f.)*

(2) „Der hat nen Tick, sag ich."
„Vielleicht hängt das mit dem Tod von seinem Vater zusammen." *(S. 32)*

(3) Auch den Mantel hinterließ der verstorbene Vater ihm. *(S. 49)*

(4) Verstohlen – obgleich Buschmann alle Augen auf sich zog – drehte ich mich nach Mahlke um, mußte ihn nicht suchen, denn vom Nacken her wußte ich, wo er Marienlieder im Kopf hatte. Fertig angezogen, nicht weit entfernt aber abseits allem Gedränge, knöpfte er sich den obersten Knopf eines Hemdes, das dem Schnitt und dem Streifen nach von seines Vaters Oberhemdennachlaß abgehoben sein mochte. *(S. 92)*

(5) „... Mein Vater und der Heizer Labuda, kurz bevor sie vierunddreißig nahe Dirschau verunglückten. Das heißt, mein Vater konnte das Schlimmste verhüten und bekam nachträglich eine Medaille." *(S. 125)*

(6) Mahlke reagierte milde und bestimmt. Allzu persönliche Fragen – meine Mutter unterhielt, während mein Vater aus Griechenland Feldpostbriefe schickte, intime Verhältnisse, zumeist mit Militärdienstgraden –, Fragen also, in diese Richtung, schirmte Mahlke ab: „Laß es gut sein, Tante. Wer will in diesen Zeiten, da alles mehr oder weniger aus den Fugen gerät, den Richter spielen. Zudem geht dich das wirklich nichts an, Mama. Wenn Papa noch lebte, wäre es ihm peinlich, und du dürftest nicht so sprechen." *(S. 122)*

(7) Ich sagte zum Fenster hin, weil es nach dem Klingeln zu still wurde, [...]
von seinem Vater, von seines Vaters Lokomotive, von seines Vaters Tod bei Dirschau und seines Vaters posthum verliehener Tapferkeitsmedaille: „Na, dein Vater, wenn der noch leben würde, der würde sich bestimmt freuen." *(S. 149 f.)*

(8) ... aus periodischem Stöhnen kamen zerbissene Worte auf die Welt: „... hat man davon. Hätt mir einer vorher sagen. Wegen son Quatsch. Dabei hätte ich wirklich nen guten Vortrag. Hätte mit Beschreibung des Richtaufsatzes, dann über Hohlraumgranaten, Maybach-Motoren und so weiter. Mußte als Ladeschütze immer raus und Bolzen nachschlagen, auch bei Beschuß. Hätte aber nicht nur über mich. Wollte über meinen Vater und Labuda. Hätte ganz kurz das Eisenbahnunglück vor Dirschau. Und wie mein Vater durch persönlichen Einsatz. Und daß ich am Richtaufsatz immer an meinen Vater. War nicht mal versorgt, als er. *(S. 169 f.)*

Arbeitsauftrag

Kurz vor seinem letzten Abtauchen in das Minensuchboot liegt Mahlke mit Bauchschmerzen allein am Strand. Pilenz hat ihn verlassen, um einen Kahn auszuleihen (S. 168). In dieser Situation lässt Mahlke noch einmal in Gedanken die wichtigsten Stationen und Personen seines Lebens Revue passieren.
Versetzen Sie sich in seine Lage und gehen Sie in einem Inneren Monolog auf die schwierige Beziehung zu seinem Vater ein.

„Katz und Maus" – die Geschichte eines Scheiterns? **A 17**

M 1

Was wissen wir über Mahlke?

▶ **der Adamsapfel**	Mahlke ist durch dieses Körpermerkmal ausgegrenzt und daher bereit zu außergewöhnlichen Taten. Er will es durch möglichst auffällige Gegenstände verbergen. Der Adamsapfel lässt sich auch auf die außergewöhnliche Potenz Mahlkes beziehen.
▶ **das Ritterkreuz**	Es zeichnet seinen Träger als Kriegshelden aus, der Anspruch auf eine öffentliche Ehrung hat. Zuerst nur illegal erworben, soll der „redliche" Erwerb dazu dienen, Mahlkes Minderwertigkeitskomplexe endgültig zu überwinden.
▶ **die Religiosität**	Mahlke ist streng katholisch, seine Gläubigkeit ist aber ausschließlich auf die Jungfrau Maria ausgerichtet. Sie beschützt ihn vor feindlichen Kugeln; sie ist auch das Ziel seines körperlichen Begehrens.
▶ **die Musik**	Zarah Leander mit ihren sentimentalen Liedern fasziniert Mahlke. Ganz offensichtlich verbirgt er eine empfindsam-gefühlvolle Seite in sich.
▶ **die Beziehung zum Vater**	Mahlkes Verhältnis zu seinem Vater ist ambivalent: er lebt beständig im Schatten seines Vaters, dessen Kleidung er auftragen muss und dessen Ruhm er überbieten will. Explizit achtet er dieses Erbe, dahinter steht jedoch die Absicht, aus diesem übergroßen Schatten hervorzutreten und selbst an Statur zu gewinnen.
▶ **das Boot**	Hier zeigt sich Mahlke zunächst als Jugendlicher, der seine Fähigkeiten zur Schau stellen will, um Eindruck zu schinden. Später offenbart es die Einsamkeit Mahlkes, der sich in sein „Marienkapellchen" zurückzieht. Am Schluss macht es Mahlkes Todessehnsucht deutlich, der jeden Antrieb für ein Weiterleben verloren hat.
▶ **Insgesamt**	Mahlke ist ein außengesteuerter, narzistischer Jugendlicher, der, von Minderwertigkeitsgefühlen erfüllt, Beifall von außen sucht – um jeden Preis.

A 17 „Katz und Maus" – die Geschichte eines Scheiterns?

M 2

Initiationsgeschichten und Adoleszenzromane

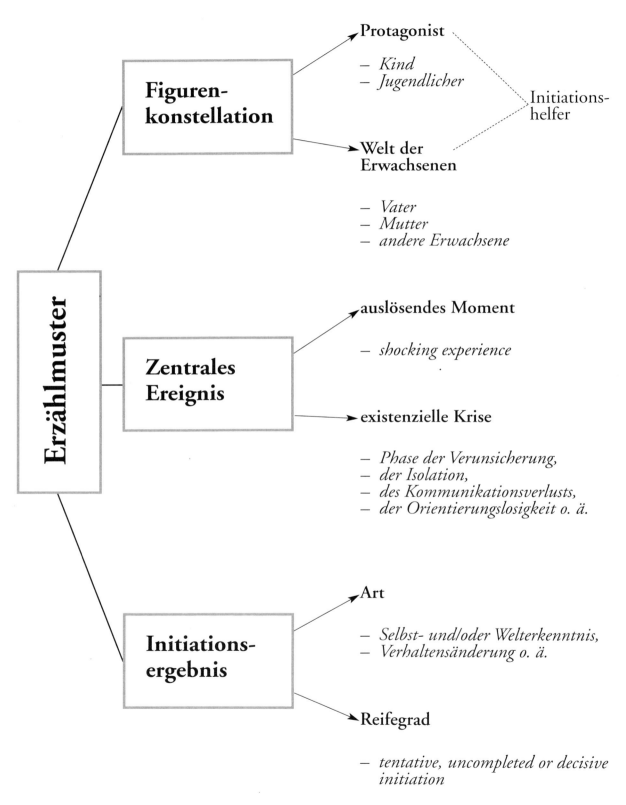

aus: Handreichung D 91 zu: Jurek Becker, Bronsteins Kinder, LEU Stuttgart 1995, S. 71. © Dr. Wolfgang Schöberle

„Katz und Maus" – die Geschichte eines Scheiterns? **A17**

M 3

Initiationssymbolik des „regressus ad uterum"

Diesem Thema begegnen wir in einer großen Zahl von Mythen und Initiationsriten. Die Vorstellung der Schwangerschaft und der Geburt wird durch eine Reihe gleichartiger Bilder ausgedrückt: Eindringen in den Schoß der Großen Mutter (= Mutter Erde) oder in den Körper eines Meerungeheuers, eines wilden Tieres oder auch eines Haustieres (…)

Um die Darlegung zu vereinfachen, wollen wir zuerst die vorliegenden Dokumente in zwei Gruppen einteilen: in der ersten erscheint der *regressus ad uterum*, obwohl er eine gewisse Gefahr birgt (die mit jeder religiösen Handlung unvermeidbar verbunden ist), als ein geheimnisvoller, aber relativ ungefährlicher Vorgang; in der zweiten Gruppe dagegen birgt der *regressus* die Gefahr, im Rachen des Ungeheuers zerstückelt (oder in der *vagina dentata* der Mutter Erde zerrissen) und in seinem Bauch verdaut zu werden. Unnötig zu sagen, dass die Tatsachen weit komplexer und differenzierter sind. Immerhin kann man von zwei Formen der Initiation durch einen *regressus ad uterum* unterscheiden: eine „leichte" und eine „dramatische". In der ersten liegt der Akzent auf dem Mysterium der Initiationsgeburt; in der dramatischen Form ist das Thema der Wiedergeburt begleitet und zuweilen beherrscht von der Vorstellung, dass eine Initiationsprüfung notwendigerweise eine Todesgefahr einschließen müsse. (…)

Was den zweiten Typus des initiatorischen *regressus* betrifft, so enthält er eine beträchtliche Zahl von Formen und Varianten und hat zu einer Fülle von immer differenzierteren bedeutungsträchtigen Blüten und Verästelungen geführt, sogar in den Religionen, mystischen und metaphysischen Lehren höher entwickelter Gesellschaften. In der Tat begegnen wir dem Initiationsthema der gefährlichen Rückkehr *ad uterum*: 1. in jenen Mythen, in deren Mittelpunkt ein Held steht, der von einem Meerungeheuer verschlungen wird und nach der gewaltsamen Öffnung des Bauchs des verschlingenden Tieres siegreich daraus hervorgeht; 2. in den Mythen und Märchen der Schamanen, die während ihrer Trance in den Bauch eines Riesenfischs oder eines Wals eingedrungen sein sollen; 3. in zahlreichen Mythen von der initiatorischen Durchquerung einer *vagina dentata* oder dem gefährlichen Abstieg in eine Grotte oder einen Erdspalt, die dem Mund oder dem Uterus der Mutter Erde gleichgesetzt werden, einem Abstieg, der den Helden in die andere Welt führt. (…)

Alle Formen dieser gefahrvollen Rückkehr *ad uterum* sind dadurch charakterisiert, dass der Held sie lebend und als erwachsener Mensch unternimmt, das heißt, dass er nicht stirbt und nicht zu einem embryonalen Zustand zurückkehrt. Der Einsatz dieses Unternehmens ist zuweilen außergewöhnlich: es geht ganz einfach darum, die Unsterblichkeit zu erlangen.

aus: Mircea Eliade, Das Mysterium der Wiedergeburt. Versuch über einige Initiationstypen. Insel Verlag, Frankfurt/Main 1988, S. 96 ff.

A 18 Heini Pilenz – die unbekannte Größe

M 1

Biographie Heini Pilenz

Seite	Biographische Daten
5 f.	setzt Mahlke die Katze an den Hals
19	Ministrant in der Marienkapelle
41	verehrt Mahlkes Penis
56	ist stolz auf seinen Freund Mahlke
57	ist Ministrant, obwohl er „den Glauben an den Zauber vor dem Altar" schon lange verloren hat
58	ist Ministrant nur, um Mahlke in der Kirche beobachten zu können
102	„heute" [ca. 1960]: Sekretär im Kolpinghaus Düsseldorf Lesevorlieben: Léon Bloy, Heinrich Böll, Friedrich Heer; kritisches Verständnis der katholischen Dogmen Gespräche mit dem Franziskanerpater Alban Rückblende: Abhängigkeitsverhältnis gegenüber Mahlke
120	„heute": Verlässt kaum das Kolpinghaus; besucht nur selten Freunde und Bekannte
126	Pater Alban veranlasst Pilenz zu seiner Lebensbeichte Rückblende: Ausbildung als Luftwaffenhelfer
131	Februar 1944: Abitur
136 f. (123)	Mutter geht diverse Beziehungen ein; der Vater ist in Griechenland stationiert; der Bruder ist gefallen; Reichsarbeitsdienst in der Tuchler Heide
151 f.	Triumph über Mahlke; Gespräche über Mahlkes Ritterkreuzträger-Rede mit Klohse, Gusewski, Tulla, Jungbannführer
174 f.	weist Mahlke auf den Büchsenöffner als überlebensnotwendiges Gerät hin, versteckt ihn gleichzeitig
177	beobachtet erst am Tag nach Mahlkes Abtauchen mit einem Fernglas das Minensuchboot
178	„heute": Traumatisiert von Mahlkes Verschwinden: „Denn was mit Katz und Maus begann, quält mich heute …"

Die Beziehung Pilenz–Mahlke **A 19**

M 1

Mann, ich mag dich

Foto: Tony Stone Images

M 2

Von der Freundschaft

Und ein junger Mann sagte: Sprich uns von der Freundschaft. Und er antwortete und sagte: Euer Freund ist die Antwort auf eure Nöte. Er ist das Feld, das ihr mit Liebe besät und mit Dankbarkeit erntet. Und er ist euer Tisch und euer Herd. Denn ihr kommt zu ihm mit eurem Hunger, und ihr sucht euren Frieden bei ihm. Wenn euer Freund frei heraus spricht, fürchtet ihr weder das „Nein" in euren Gedanken, noch haltet ihr mit dem „Ja" zurück. Und wenn er schweigt, hört euer Herz nicht auf, dem seinen zu lauschen; denn in der Freundschaft werden alle Gedanken, alle Wünsche, alle Erwartungen ohne Worte geboren und geteilt, mit Freude, die keinen Beifall braucht.

Wenn ihr von eurem Freund weg geht, trauert ihr nicht; denn was ihr am meisten an ihm liebt, ist vielleicht in seiner Abwesenheit klarer, wie der Berg dem Bergsteiger von der Ebene aus klarer erscheint. Und die Freundschaft soll keinen anderen Zweck haben, als den Geist zu vertiefen. Denn Liebe, die etwas anderes sucht als die Offenbarung ihres eigenen Mysteriums, ist nicht Liebe, sondern ein ausgeworfenes Netz: und nur das Nutzlose wird gefangen. Und lasst euer Bestes für euren Freund sein. Wenn er die Ebbe eurer Gezeiten kennen muss, lasst ihn auch das Hochwasser kennen. Denn was ist ein Freund, wenn ihr ihn nur aufsucht, um die Stunden tot zu schlagen? Sucht ihn auf, um die Stunden mit ihm zu erleben. Denn er ist da, eure Bedürfnisse zu befriedigen, nicht aber eure Leere auszufüllen. Und in der Süße der Freundschaft lasst Lachen sein und geteilte Freude. Denn im Tau kleiner Dinge findet das Herz seinen Morgen und wird erfrischt.

Kahlil Gibran

aus: Kahlil Gibran, Der Prophet. © 1973 Benzinger Verlag, Düsseldorf/Zürich

A19 Die Beziehung Pilenz–Mahlke

M 3 Markus-Evangelium

Das 14. Kapitel.

¹Und nach zwei Tagen war Ostern und die Tage der süßen Brote. Und die Hohenpriester und Schriftgelehrten suchten, wie sie ihm mit List griffen und töteten.

²Sie sprachen aber: Ja nicht auf das Fest, dass nicht ein Aufruhr im Volk werde! (…)

¹⁰Und Judas Ischariot, einer von den Zwölfen, ging hin zu den Hohenpriestern, dass er ihn verriete.

¹¹Da sie das hörten, wurden sie froh und verhießen, ihm Geld zu geben. Und er suchte, wie er ihn füglich verriete.

¹²Und am ersten Tage der süßen Brote, da man das Osterlamm opferte, sprachen seine Jünger zu ihm: Wo willst du, dass wir hin gehen und bereiten, dass du das Osterlamm essest? (…)

¹⁷Am Abend aber kam er mit den Zwölfen.

¹⁸Und als sie zu Tische saßen und aßen, sprach Jesus: Wahrlich, ich sage euch: Einer unter euch, der mit mir isset, wird mich verraten.

¹⁹Und sie wurden traurig und sagten zu ihm, einer nach dem andern: Bin ich's? und der andere: Bin ich's?

²⁰Er antwortete und sprach zu ihnen: Einer aus den Zwölfen, der mit mir in die Schüssel taucht.

²¹Zwar des Menschen Sohn geht hin, wie von ihm geschrieben steht; weh aber dem Menschen, durch welchen des Menschen Sohn verraten wird! Es wäre demselben Menschen besser, dass er nie geboren wäre.

²²Und indem sie aßen, nahm Jesus das Brot, dankte und brach's und gab's ihnen und sprach: Nehmet, esset; das ist mein Leib.

²³Und nahm den Kelch und dankte und gab ihnen den; und sie tranken alle daraus.

²⁴Und er sprach zu ihnen: Das ist mein Blut des neuen Testaments, das für viele vergossen wird.

²⁵Wahrlich, ich sage euch, dass ich hinfort nicht trinken werde vom Gewächs des Weinstocks bis auf den Tag, da ich's neu trinke in dem Reich Gottes.

²⁶Und da sie den Lobgesang gesprochen hatten, gingen sie hinaus an den Ölberg.

²⁷Und Jesus sprach zu ihnen: Ihr werdet euch in dieser Nacht alle an mir ärgern; denn es steht geschrieben:

Ich werde den Hirten schlagen und die Schafe werden sich zerstreuen."

²⁸Wenn ich aber auferstehe, will ich vor euch hingehen nach Galiläa.

²⁹Petrus aber sagte zu ihm: Und wenn sie sich alle ärgerten, so wollte doch ich mich nicht ärgern.

³⁰Und Jesus sprach zu ihm: Wahrlich, ich sage dir: Heute, in dieser Nacht, ehe denn der Hahn zweimal kräht, wirst du mich dreimal verleugnen.

³¹Er aber redete noch weiter: „Ja wenn ich mit dir auch sterben müsste, wollte ich dich nicht verleugnen. Desgleichen sagten sie alle.

³²Und sie kamen zu einem Hofe mit Namen Gethsemane. Und er sprach zu seinen Jüngern: Setzt euch hier, bis ich hingehe und bete. *Joh. 18.1.*

³³Und nahm zu sich Petrus und Jakobus und Johannes und fing an, zu zittern und zu zagen.

³⁴Und sprach zu ihnen: Meine Seele ist betrübt bis an den Tod; bleibet hier und wachet! (…)

⁴³Und alsbald, da er noch redete, kam herzu Judas, der Zwölf einer, und eine große Schar mit ihm, mit Schwertern und mit Stangen, von den Hohenpriestern und Schriftgelehrten und Ältesten.

⁴⁴Und der Verräter hatte ihnen ein Zeichen gegeben und gesagt: Welchen ich küssen werde, der ist's; den greift und führt ihn sicher.

⁴⁵Und da er kam, trat er alsbald zu ihm und sprach zu ihm: Rabbi, Rabbi! und küsste ihn. (…)

⁶⁶Und Petrus war unten im Hof. Da kam eine von des Hohenpriesters Mägden;

⁶⁷und da sie sah Petrus sich wärmen, schaute sie ihn an und sprach: Und du warst auch mit Jesus von Nazareth.

⁶⁸Er leugnete aber und sprach: Ich kenne ihn nicht, weiß auch nicht, was du sagst. Und er ging hinaus in den Vorhof; und der Hahn krähte.

⁶⁹Und die Magd sah ihn und hob abermals an, zu sagen denen, die dabeistanden: Dieser ist deren einer.

⁷⁰Und er leugnete abermals. Und nach einer kleinen Weile sprachen abermals zu Petrus, die dabeistanden: Wahrlich, du bist deren einer; denn du bist ein Galiläer, und deine Sprache lautet gleichalso.

⁷¹Er aber fing an, sich zu verfluchen und zu schwören: Ich kenne den Menschen nicht, von dem ihr sagt.

⁷²Und der Hahn krähte zum andernmal. Da gedachte Petrus an das Wort, das Jesus zu ihm sagte: Ehe der Hahn zweimal kräht, wirst du mich dreimal verleugnen. Und er hob an, zu weinen.

Die Beziehung Pilenz–Mahlke **A 19**

Das 16. Kapitel.

[1]Und da der Sabbat vergangen war, kauften Maria Magdalena und Maria, des Jakobus Mutter, und Salome Spezerei, auf dass sie kämen und salbten ihn.

[2]Und sie kamen zum Grabe am ersten Tage der Woche sehr früh, da die Sonne aufging.

[3]Und sie sprachen untereinander: Wer wälzt uns den Stein von des Grabes Tür?

[4]Und sie sahen dahin und wurden gewahr, dass der Stein abgewälzt war; denn er war sehr groß.

[5]Und sie gingen hinein in das Grab und sahen einen Jüngling zur rechten Hand sitzen, der hatte ein langes weißes Kleid an; und sie entsetzten sich.

[6]Er aber sprach zu ihnen: Entsetzet euch nicht! Ihr suchet Jesus von Nazareth, den Gekreuzigten; er ist auferstanden und ist nicht hier. Siehe da die Stätte, da sie ihn hin legten!

Das Neue Testament in der Übersetzung von Martin Luther

Arbeitsauftrag

Suchen Sie nach Zeitangaben im Bibel- und im Novellentext.
Vergleichen Sie das Verhalten von Jesus/Judas/Petrus mit dem der Protagonisten in der Novelle.

M 4

Das letzte Abendmahl

	Markus-Evangelium	**„Katz und Maus"**
I	„Und nach **zwei Tagen** war Ostern" (14.1)	„Das geschah an einem **Donnerstag**"
II	„Und am **ersten Tag** der süßen Brote …" (14.12) Stiftung des Abendmahls (14.22 – 25)	**Freitagmorgen:** Die Feier des Sakraments; Mahlkes Kommunion (S. 159 – 161)
	Gang über den Ölberg (14.26 – 32) Jesus Todesängste: „… und fing an zu zittern und zagen" (14.33)	Flucht durch die Schrebergärten (S. 162 – 165) Mahlkes Angst: „Dein Schweiß erweiterte die Poren" (S. 160); „Er zitterte, produzierte Schweiß, drückte sich beide Fäuste in die Magengrube" (S. 168)
	Petrus verleugnet Jesus: „Und er leugnete abermals" (14.31/68/70)	Pilenz verweigert Mahlke mehrfach Hilfe: „Aber ich wollte abermals nichts damit zu tun haben" (S. 162)
	Judas verrät Jesus: „Welchen ich küssen werde, der ist's" (14.44 – 45)	Pilenz verdeckt den Büchsenöffner mit dem Fuß (S. 175)
III	Ostersonntag Auferstehung Jesu (16.6)	**Sonnabendvormittag:** „Also, es rührte sich nichts auf dem Kahn" (S. 177)

A 20 Kriegsalltag im Dritten Reich

M 1

Bekanntgabe

Wegen Verleitung oder Beihilfe zur Fahnenflucht, Wehrkraftzersetzung, Feindbegünstigung und Landesverrat wurden standrechtlich erschossen:

1. Bassing, Ludwig, Amtsinspektor, Vianden.
2. Barbieur, Edgard, Berufssoldat, geb. in Quarignon/Belg., wohnh. Grainheim/Brüssel.
3. Benz, Lutz, Turn- und Sportlehrer, Luxemburg.
4. Bristiel, Leo, Hüttenarbeiter, Esch-Alz.
5. Christophe, Adolf, Fördermaschinist, geb. in Kreuzwald/Lothr., wohnh. Crusnes-Nancy.
6. Dal-Zotto, Matthias, Hüttenarbeiter, Schifflingen.
7. Everling, Georg, Behördenangestellter, Luxemburg.
8. Glesener, Hubertus, Schlosser, Rümelingen.
9. Grzonka, Robert, Bautechniker, Luxemburg.
10. Heyardt, Raymund, Frisör, Rümelingen.
11. Koob, Leo, Bäckermeister, Luxemburg.
12. Kuhn, Julius, Kaufmann, Luxemburg.
13. Künsch, Emil, Elektrotechniker, Luxemburg.
14. Laux, Emil, Büroangestellter, Mersch.
15. Lemmer, Johann, Klempnergehilfe, Diekirch.

Luxemburger Wort 26.2.44

M 2

Ehrenschutz für Frontsoldaten
Eingriffe in die Familienehre sühnt das Gesetz mit voller Härte

Die Ehre des deutschen Soldaten steht unter dem besonderen Schutz der deutschen Gerichte! Dies haben verschiedene gewissenlose Elemente erfahren müssen, die sich nicht scheuten, die Abwesenheit der Soldaten zu benutzen, um sich an die in der Heimat verbliebenen Frauen heranzumachen und diese zur Verletzung der ehelichen Treuepflicht zu bewegen. In manchen Fällen haben die Soldaten sich von ihren ungetreuen Frauen scheiden lassen und gegen diese wie auch gegen die beteiligten Männer Strafantrag wegen Ehebruchs gestellt. Alsdann sind die pflichtvergessenen Frauen und ihre Liebhaber zu Gefängnisstrafen bis zu 6 Monaten für jeden Fall der Treuepflichtverletzung bestraft worden. Nicht in allen Fällen wollten sich die Soldaten aber scheiden lassen, da bisweilen die Unerfahrenheit der oftmals noch jungen Frauen ausgenutzt worden war oder weil den Kindern nicht durch die Scheidung das Elternhaus genommen werden sollte. In solchen Fällen taucht die Frage auf, ob nicht wenigstens die beteiligten Männer wegen ihres gewissenlosen Treibens zur Verantwortung gezogen werden können. Eine Bestrafung wegen Ehebruchs, an die man zunächst denken könnte, kommt unter diesen Umständen nicht in Frage, weil eine Bestrafung wegen Ehebruchs nur erfolgen darf, wenn die Ehe wegen des Ehebruchs geschieden ist. Die Gerichte haben aber einen Ausweg gefunden und die Ehebrecher wegen Beleidigung der an der Front befindlichen Ehemänner verurteilt. Denn der Verkehr mit einer verheirateten Frau stellt auch dann, wenn die Frau mit diesem Treiben einverstanden ist, eine Herabwürdigung der Ehre des hintergangenen Mannes dar, besonders wenn dieser sich an der Front befindet. Da die Beleidigung mit Gefängnis bis zu einem Jahre bestraft wird, kann in solchen Fällen eine noch empfindlichere Strafe verhängt werden als nach den Bestimmungen über den Ehebruch. Die angeklagten Männer versuchen gelegentlich, sich mit der früheren Rechtsprechung des Reichsgerichts herauszureden, wonach die Bestimmungen über den Ehebruch als Sondervorschriften angesehen wurden, so daß der Ehebrecher nicht wegen Beleidigung bestraft werden konnte. Mit solchen formalen Einwänden haben die Angeklagten jedoch bei den heutigen Gerichten keinen Erfolg. Mit Recht werden sie wegen ihres strafwürdigen Verhaltens zur Verantwortung gezogen und wegen Verletzung der Familienehre deutscher Soldaten empfindlich bestraft. Der Soldat darf wissen, daß die Gerichte die Ehre seines Hauses schützen und unberechtigte Eingriffe mit der vollen Härte des Gesetzes sühnen.

Dr. M.

Westfälische Tageszeitung 26.7.1942

M 1 und M 2 aus: Paulheinz Wantzen, Das Leben im Krieg ... Bad Homburg 2000, S. 1252/910

Mahlkes Mutter und Tante **A 21**

Arbeitsauftrag

Bereiten Sie eine Rollenbiographie entweder zu Mahlkes Mutter oder Mahlkes Tante vor.
Sammeln und lesen Sie dafür zunächst alle Stellen, in denen die Frauen zu Wort kommen bzw. über sie gesprochen wird. Entwerfen Sie einen autobiographischen Bericht, in dem Sie auf die Entwicklung oder Nichtentwicklung der Figuren im Verlauf der Erzählung, ihre Herkunft/Ausbildung/Beruf, ihr Auftreten, ihre Eigenschaften und Artikulationsmöglichkeiten eingehen.
Vor allem sollte darin auch ihr Verhältnis zu Joachim Mahlke deutlich werden.
Seitenangaben: S. 8, 12, 23 f., 28, 122, 124 f., 131–135, 166.

Beispieltext: Mahlkes Tante

Herkunft und Familienverhältnisse: Wie meine Schwester komme ich aus der Provinz: ich bin in einem kleinen Dorf in Ostpommern aufgewachsen. In der Schule war ich nur vier Jahre lang – für ein Mädchen reicht das ja wohl auch. Schon früh musste ich bei der Feldarbeit mithelfen und bin dabei eine sehr kräftige Frau geworden. Die Schweine habe ich immer alleine geschlachtet.

Ich wollte schon früh in die Stadt, wo einem doch mehr geboten wird. Am Anfang hatte ich auch mein Glück gefunden: ich habe mich in Albert, einen jungen Tischlergesellen verliebt. Er mochte mich auch, und so haben wir uns bald verlobt. Wir haben alles Geld für einen eigenen Hausstand gespart – bis der Krieg ausbrach. Albert wurde eingezogen und ist schon in den ersten Kriegstagen an der russischen Front gefallen. Seither habe ich keinen Mann mehr angesehen.

Meine jüngere Schwester hatte mehr Glück – schien es zunächst wenigstens. Sie heiratete Hans-Martin, der eine Ausbildung als Lokomotivführer-Anwärter machte. Der hat den Krieg gut überstanden, weil er für die Gütertransporte zuständig war und damit als unabkömmlich galt. Bis 1933 dann dieses schreckliche Unglück geschah: eine Weiche falsch gestellt, und der ganze Zug drohte mit einer stehenden Bahn zusammenzustoßen. Hans-Martin und sein Heizer Labuda haben damals nicht lange gezögert, die Wagons während der Fahrt abgekoppelt und sind dann allein und ungebremst auf den abgestellten Zug aufgefahren. Beide waren natürlich sofort tot.

Was hat sie nun davon, die Hilde? Eine Medaille und ein Erinnerungsfoto. Naja, etwas Geld hat sie von der Hinterbliebenenkasse der PKP auch noch bekommen. Zusammen mit meinem Ersparten haben wir dann das Häuschen in der Osterzeile kaufen können, und da wohnen wir jetzt zu dritt.

Auftreten/Artikulation: Ich bin eine unkomplizierte Frau, das kommt wohl von meiner Vergangenheit auf dem Land. Ich rede, wie mir der Schnabel gewachsen ist und sehe überhaupt nicht ein, warum ich meinen Dialekt verstecken soll. Heutzutage muss man allerdings sehr vorsichtig sein, was man zu wem sagen darf, denn schließlich können überall Spione sein, und man muss im Krieg doch besonders aufpassen. Außerdem bringt man ja auch alles durcheinander, die vielen Städte und Schlachten, wo unsere Männer vorrücken.

Ich bin eine gutmütige und fromme Frau. Jeden Sonntag sind wir in der Kirche, Joachim sogar noch häufiger. Meine einzige Leidenschaft sind die Wunschmusiksendungen im Rundfunk – wenn da abends die herrlichen Melodien kommen und ich bei einem Gläschen Schnaps ins Träumen gerate…

Verhältnis zu Joachim: Auf Joachim bin ich richtig stolz. Er ist so ein guter Junge. Am Anfang war er ja etwas schwächlich und brauchte unsere Hilfe. Auch in der Schule – er ist ja der Erste in unserer Familie, der auf ein richtiges altsprachliches Gymnasium durfte. Wir haben ihn wohl etwas verwöhnt mit dem Taschengeld und den Attesten für den Sportunterricht. Er war ja auch noch so klein damals, erst acht Jahre alt, als das mit seinem Vater passierte. Er war dann ein echter Spätentwickler. Aber heute sieht man ja ganz deutlich, was in ihm steckt. Ritterkreuzträger ist er, obwohl er nicht mal Offizier war. Wo er jetzt bloß geblieben sein kann?

47

A 22 Das Mädchen Tulla

M 1

(1) Tullas Gesicht wäre mit einer Punkt Komma Strich Zeichnung wiederzugeben. Eigentlich hätte sie Schwimmhäute zwischen den Zehen haben müssen, so leicht lag sie im Wasser. Immer, auch auf dem Kahn, trotz Seetang, Möwen und säuerlichem Rost, stank sie nach Tischlerleim, weil ihr Vater in der Tischlerei ihres Onkels mit Leim zu tun hatte. Sie bestand aus Haut, Knochen und Neugierde. *(S. 38)*

(2) Von jenem Tag an war Tulla Pokriefke nur noch wenige Male dabei und ging uns, obgleich sie patenter war als andere Mädchen ihres Alters, mit ewigem Gequatsche vom toten Mariner im Kahn mehr und mehr auf die Nerven. *(S. 42)*

(3) Während ich schwamm und während ich schreibe, versuchte und versuche ich an Tulla Pokriefke zu denken, denn ich wollte und will nicht immer an Mahle denken. Deswegen schwamm ich in Rückenlage, deswegen schreibe ich: Schwamm in Rückenlage. Nur so konnte und kann ich Tulla Pokriefke knochig, in mausgrauer Wolle auf dem Geländer hocken sehen: kleiner verrückter schmerzhafter wird sie; denn uns allen saß Tulla als Splitter im Fleisch – war aber, als ich die zweite Sandbank hinter mir hatte, weggewischt, kein Punkt Splitter Loch mehr, nicht mehr schwamm ich von Tulla fort, schwamm Mahlke entgegen, schreibe in Deine Richtung: Ich schwamm in Brustlage und beeilte mich nicht. *(S. 100)*

(4) Entweder in Gedanken oder wortwörtlich versuchte ich, mit ihm ein Gespräch über Tulla anzufangen; mir lag an ihr. Aber wie mich hatte sie den Cousin – womit wohl? – mit ihrer verfilzten Wolle, mit ihrem unauflöslichen Tischlerleimgeruch verseucht. *(S. 111)*

(5) (…) und versuchte, weil ich noch gute vierzehn Tage Zeit hatte, und um irgendeinen Abschluß, außer dem Abitur, zu finden, bei wem wohl, wenn nicht bei Tulla Pokriefke, die etwa sechzehn oder mehr war und ziemlich jeden ranließ, zu landen, hatte aber kein Glück und wurde auch mit Hotten Sonntags Schwester nicht fertig. *(S. 131)*

(6) Immer noch zeigte das spirrige Ding glatte Froschschenkel, war aber nicht mehr überall platt. *(S. 97)*

(7) „War doll gestern mit der kleinen Pokriefke. Hätte ich nicht gedacht. Die ist ganz anders, als sie tut. Also ehrlich gesagt: Wegen der will ich nicht mehr raus." (…) Ich ließ mir nichts vormachen und nagelte ihn fest: „So, wegen der Pokriefke also. Die war aber gar nicht. Die fährt Linie Zwei nach Oliva und nicht Linie Fünf. *(S. 161)*

Textausrisse aus: Günter Grass, Katz und Maus – Eine Novelle. dtv-11822, 9. Aufl. 1999, München

Arbeitsauftrag

Charakterisieren Sie, ausgehend von diesen Textpassagen, Tulla Pokriefke.
Gehen Sie dabei auch auf die Beziehungen zwischen ihr, Pilenz und Mahlke ein.

Das Mädchen Tulla **A 22**

M 2

Liebe Cousine,
in der Elsenstraße kamst Du auf die Welt. Wir wohnten im selben Haus. Das Miethaus gehörte meinem Vater, dem Tischlermeister Liebenau. Schräg gegenüber, im sogenannten Aktienhaus, wohnte mein späterer Lehrer, der Studienrat Oswald Brunies. Er hatte ein Mädchen adoptiert, das er Jenny nannte, obgleich in unserer Gegend nie jemand Jenny hieß. Der schwarze Schäferhund auf unserem Tischlereihof hieß Harras. Du wurdest auf den Namen Ursula getauft, aber von Anfang an Tulla gerufen. Wahrscheinlich leitet sich dieser Rufname von dem koschnäwjer Wassergeist Thula her, der im Osterwicker See wohnte und verschieden geschrieben wurde: Duller, Tolle, Tullatsch, Thula oder Dul, Tul, Thul. Als die Pokriefkes noch in Osterwick wohnten, saßen sie als Pächter auf dem Mosbrauchsbäsch nahe dem See, an der Landstraße nach Konitz. Osterwick wurde von der Mitte des vierzehnten Jahrhunderts bis zu Tullas Geburtstag, im Jahre siebenundzwanzig, so geschrieben: Ostirwig, Ostirwich, Osterwigh, Osterwig, Osterwyk, Ostrowit, Ostrowite, Osterwieck, Ostrowitte, Ostrów. Die Koschnäwjer sagten: Oustewitsch. Die polnische Wurzel des Dorfnamens Osterwick, das Wort ostrów, bedeutet Flußinsel oder Insel in einem See; denn das Dorf Osterwick hatte sich ursprünglich, also im vierzehnten Jahrhundert, auf der Insel im Osterwicker See befunden. Erlen und Birken umstanden das karpfenreiche Gewässer. Außer Karpfen und Karauschen, Plötzen und dem obligaten Hecht befanden sich in dem See ein rotblessiges Kalb, das um Johannes reden konnte, eine sagenhafte lederne Brücke, zwei Sack voll gelbem Gold aus der Zeit der Hussiteneinfälle und ein launischer Wassergeist: Thula Duller Tul.
[…]

Du wirst zugeben, Tulla,
Dein Vater war ein schlechter Hilfsarbeiter. Nicht einmal an die Kreissäge konnte ihn der Maschinenmeister stellen. Abgesehen davon, daß ihm ständig der Treibriemen abrutschte, verhunzte er mit nagelgespicktem Verschalungsholz, das er für sich zu Brennholz schnitt, die teuersten Sägeblätter. Nur einer Aufgabe kam er pünktlich und zu aller Gesellen Zufriedenheit nach: der Leimtopf auf dem eisernen Ofen des Stockwerkes überm Maschinenraum stand für fünf Tischlergesellen an fünf Hobelbänken immer heiß und bereit. Blasen warf der Leim, blubberte mürrisch, konnte honiggelb, lehmtrüb, konnte zur Erbsensuppe werden und Elefantenhäute ziehen. Teils erkaltet, teils zäh weiterfließend überkletterte Leim den Topfrand, zog Nasen über Nasen, ließ keinen Splitter Emaille offen und erlaubte nicht, in dem Leimtopf die vormalige Natur eines Kochtopfes zu erkennen. Der kochende Leim wurde mit dem Abschnitt einer Dachlatte gerührt. Aber auch das Holz setzte Haut über Haut an, schwoll bucklig ledern faltenwerfend, wog immer schwerer in August Pokriefkes Hand und mußte, sobald die fünf Gesellen das hornige Ungetüm einen Elefantenpümmel nannten, gegen einen neuen Abschnitt immer der gleichen, schier endlosen Dachlatte eingetauscht werden.
Knochenleim Tischlerleim! Auf einem schiefen, fingerdick staubbeladenen Regal stapelten sich die braunen profilierten Leimtafeln. Von meinem dritten bis zu meinem siebzehnten Lebensjahr trug ich treu ein Stückchen Tischlerleim in der Hosentasche; so heilig war mir der Leim; einen Leimgott nannte ich Deinen Vater; denn der Knochenleimgott besaß nicht nur über und über leimige Finger, die, sobald er sie bewegte, spröde knisterten, er gab auch von seinem Geruch, den er überall mit sich trug, überall ab. Eure Zweieinhalbzimmerwohnung, Deine Mutter, Deine Brüder rochen nach ihm. Am großzügigsten aber behängte er seine Tochter mit seinem Dunst. Mit Leimfingern tätschelte er sie. Mit Leimpartikelchen übersprühte er das Kind, sobald er ihm Fingerspiele vorgaukelte. Kurzum, der Knochenleimgott verwandelte Tulla in ein Tischlerleimädchen; denn wo Tulla ging stand lief, wo Tulla gestanden hatte, wo sie gegangen war, welche Strecke sie laufend durcheilt hatte, was Tulla anfaßte, wegwarf, kurz lange berührte, worin sie sich wickelte kleidete versteckte, womit sie spielte: Hobelspäne Nägel Scharniere, jedem Ort und Gegenstand, dem Tulla begegnet war, blieb ein flüchtiger bis infernaler und durch nichts zu übertönender Knochenleimgeruch. Auch Dein Cousin Harry klebte an Dir: etliche Jahre hingen wir zusammen und rochen übereinstimmend.

aus: Günter Grass, Hundejahre. Werkausgabe Bd. 5, S.153/155 f. © Steidl Verlag, Göttingen 1997

A 23 Analyse der Erzählperspektive

M 1

(1) Ich aber, der ich Deine aus einer und allen Katzen in den Blick brachte, muß nun schreiben. Selbst wären wir beide erfunden, ich müßte dennoch. Der uns erfand, von berufswegen, zwingt mich, wieder und wieder Deinen Adamsapfel in die Hand zu nehmen, ihn an jeden Ort zu führen, der ihn siegen oder verlieren sah: und so lasse ich am Anfang die Maus über dem Schraubenzieher hüpfen, werfe ein Volk vollgefressene Seemöwen hoch über Mahlkes Scheitel in den sprunghaften Nordost, nenne das Wetter sommerlich und anhaltend schön, vermute, daß es sich bei dem Wrack um ein ehemaliges Boot der Czaika-Klasse handelt, gebe der Ostsee die Farbe dickglasiger Seltersflaschen, lasse nun, da der Ort der Handlung südöstlich der Ansteuerungstonne Neufahrwasser festgelegt ist, Mahlkes Haut, auf der immer noch Wasser in Rinnsalen abläuft, feinkörnig bis graupelig werden; doch nicht die Furcht, sondern das übliche Frösteln nach zu langem Baden besetzte Mahlke und nahm seiner Haut die Glätte. *(S. 6)*

(2) Falsch! Mir wäre das Ding bestimmt nicht entgangen. Wenn immer ich vorm Altar diente, sogar während der Stufengebete, versuchte ich, Dich aus verschiedenen Gründen im Auge zu behalten: aber Du wolltest es wohl nicht darauf ankommen lassen, behieltest das Ding am Schnürsenkel unterm Hemd und hattest deswegen die auffallenden und den Schraubenzieher vage nachzeichnenden Flecke vom Schmierfett im Hemdenstoff. Er kniete, vom Altar aus gesehen, in der zweiten Bank der linken Bankreihe und zielte sein Gebet mit offenen, glaube, hellgrauen, zumeist vom Tauchen und Schwimmen entzündeten Augen in Richtung Jungfrau, Marienaltar. *(S. 19)*

(3) Schön war er nicht. Er hätte sich seinen Adamsapfel reparieren lassen sollen. Womöglich lag alles nur an dem Knorpel. Aber das Ding hatte seine Entsprechungen. Auch kann man nicht alles mit Proportionen beweisen wollen. Und seine Seele wurde mir nie vorgestellt. Nie hörte ich, was er dachte. *(S. 37)*

(4) Seine Pflegetochter, ein puppiges Wesen, das Balletstunden nahm, trug Trauerschwarz durch die Straßen; sie brachten ihn nach Stutthof – dort verblieb er – eine dunkle verzweigte Geschichte, die an anderer Stelle, doch nicht von mir, und auf keinen Fall im Zusammenhang mit Mahlke, niedergeschrieben werden soll. *(S. 49)*

(5) ... und einmal – es war Ende Juni, noch vor den großen Sommerferien und bevor der Kapitänleutnant in der Aula unserer Schule den Vortrag hielt – verließ Mahlke seinen Schatten, weil ein Untertertianer aus dem Bugraum des Minensuchbootes nicht mehr hochkommen wollte. *(S. 69)*

(6) Während ich schwamm und während ich schreibe, versuchte und versuche ich an Tulla Pokriefke zu denken, denn ich wollte und will nicht immer an Mahlke denken. Deshalb schwamm ich in Rückenlage, deswegen schreibe ich: Schwamm in Rückenlage. Nur so konnte und kann ich Tulla Pokriefke knochig, in mausgrauer Wolle auf dem Geländer hocken sehen: ... *(S. 100)*

(7) Wer schreibt mir einen guten Schluß? Denn, was mit Katze und Maus begann, quält mich heute als Haubentaucher auf schilfumstandenen Tümpeln. *(S. 178)*

Textausrisse aus: Günter Grass, Katz und Maus – Eine Novelle. dtv-11822, 9. Aufl. 1999, München

Arbeitsauftrag

Was lässt sich anhand der Textstellen über die Position des Erzählers innerhalb der Geschichte erarbeiten?

Analyse der Erzählperspektive **A 23**

M 2

Erzählperspektiven in „Katz und Maus"

Der Erzähler weiß, dass er vom Autor erfunden wurde und selbst nur unter dessen Führung berichten darf. Damit ist seine Glaubwürdigkeit von Beginn an in Zweifel gezogen.

Der Erzähler ist direkt am Geschehen beteiligt. Er ist sowohl erinnernder wie erlebender Erzähler (Wechsel von Präteritum —> Präsens: „Du" —> „er").
Ziel des Schreibens ist die Bewältigung der eigenen Vergangenheit.

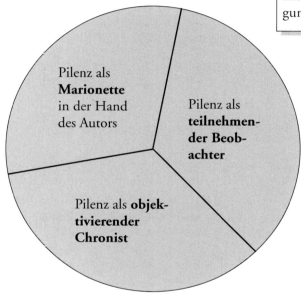

Pilenz als **Marionette** in der Hand des Autors

Pilenz als **teilnehmender Beobachter**

Pilenz als **objektivierender Chronist**

Der Erzähler sieht von außen auf das Geschehen. Er kann zusammenfassen, kommentieren, vorausdeuten, bewerten... Er kennt aber, anders als der traditionelle Erzähler, die Gedanken oder Motive seiner Figuren nicht genau.

Zusammenfassung: Hinter der Erzählfigur verbirgt sich der Autor, der ihr eine bestimmte Rolle zuteilt und sie aus seiner beschränkten Rolle erzählen lässt. Er bleibt damit hinter Pilenz sichtbar, schaltet sich selbst nicht in das Geschehen ein, distanziert sich aber von dessen Haltung. Als treibendes Motiv setzt Grass dessen Schuldkomplex ein. So kann Pilenz die Vorgänge um Mahlke zwar aus nächster Nähe schildern – aber er versucht bis zum Schluss, seinen Anteil am Verschwinden Mahlkes vor dem Leser zu verbergen. Das lässt seine Erzählhaltung widerspruchsvoll, selbstgerecht und vage erscheinen, obwohl er sehr detailliert beschreibt.

A23 Analyse der Erzählperspektive

M 3 Sicht von außen

Ich habe andere Einsichten, andere Realitätswahrnehmungen eingeführt und auf bestimmte überkommene Dinge bewußt verzichtet. Sie werden in meinen Büchern keinen Satz finden, der etwa so anfängt: Er dachte das und das... oder: Er trug sich mit der Hoffnung, dieses und jenes... Nichts dergleichen. Meine Figuren werden von außen gesehen, werden aus der Perspektive ihrer Handlung, ihrer Handlungsweise oder ihrer Nicht-Handlungsweise erklärt. Denken Sie etwa an „Katz und Maus", wenn Pilenz über Mahlke sagt: „Seine Seele wurde mir nie vorgestellt." Die bleibt bis zum Schluß im dunkeln, es gibt nur Mutmaßungen darüber. Das ist übrigens ein Mutmaßungsstil, der bei mir sehr früh ansetzt und der auf eine ganz andere Weise bei Uwe-Johnson zum Tragen gekommen ist. Die Sicherheiten des Autors, die wir bis dahin hatten und in der Literatur zum Teil immer noch haben – wo der Autor zu wissen meint, was seine fiktive Person denkt oder vorhat –, kommen mir ausgesprochen altmodisch vor.

aus: Günter Grass, Harro Zimmermann, Vom Abenteuer der Aufklärung. Werkstattgespräche, S. 84 f. © Steidl Verlag, Göttingen 1999

M 4 Ein Tempus kann auch ein Stilmittel sein

Günter Grass: Zuerst etwas Grundsätzliches: Sie können in meinen Büchern immer wieder feststellen, daß eine Erzählung im Präteritum anfängt und dann plötzlich ins Präsens umspringt, wodurch – auf kürzere oder längere Strecken – vorübergehend eine Unmittelbarkeit des Erzählens eintritt. Dann sinkt das Erzählte wieder ins Präteritum zurück, um später abermals umzuschlagen. Das Erzählte wird also im eigentlichen Sinne beschworen, wie man es oft im Umgangsdeutsch erlebt, wo Leute, die ein Erlebnis berichten wollen, das sie unmittelbar berührt hat, spontan ins Präsens fallen. – Das Präsens will in diesem Fall Vergangenes präsent machen, während das Präteritum das Erzählte distanziert in seinem Verlauf als Vergangenes faßt.

Peter André Bloch: Tatsächlich sind Präsens und Präteritum bei Ihnen offensichtlich Träger von Erzählebenen. Der gegenwartsbezogenen Erzählerebene steht die vornehmlich im Präteritum verlaufende Ebene des Erzählten gegenüber, wobei das Präsens, wie Sie eben ausführten, darüber hinaus noch das Erzählte mitten im Erzählfluß in die Gegenwart hereinholen kann. Denken wir zum Beispiel an Oskar in der *Blechtrommel,* der nicht nur seine gegenwärtige Lage im Sanatorium präsentisch erlebt, sondern auch weite Teile des von ihm selbst erzählten Lebens.

Günter Grass: Diesen präsentischen Erzählgestus meinte ich eben. Oskar sieht sich dies oder jenes tun und fällt somit sofort ins Präsens.

Peter André Bloch: Die erzählte Situation wird für ihn dabei so konkret, daß er auch die Leute geradezu halluzinatorisch reden hört, nicht wahr?

Günter Grass: Richtig, nachdem er mit Hilfe des Präteritums eine bestimmte Situation besprochen hat, hat er die dazugehörenden Leute gewissermaßen um sich versammelt; das heißt, sie sind alle präsent; und dann kippte es um ins Präsens und ist unmittelbar da, jedenfalls auf dem Papier...

aus: Klaus Stahlbaum (Hrsg.), Gespräche mit Günter Grass, Werkausgabe Bd. X, Darmstadt 1987, S.74 f.

Zur Arbeitsweise von Günter Grass A 24

M 1

Gaus: Wie arbeiten Sie dann? Der Einfall hat sich gemeldet, er hat sich ein zweites und drittes Mal gemeldet. Und nun, wie arbeitet dann Günter Grass?

Grass: Im Zusammenhang mit Prosa würde ich sagen: Da beginnt die Untermauerung dieser Dinge. Je phantastischer der Einfall ist, umso genauer muß er belegt sein. Um ein Beispiel zu nennen: in Katz und Maus die beiden Reden der Ritterkreuzträger in der Aula. Die nehmen etwa sechs Seiten ein. Dafür habe ich fünfzig von diesen schrecklichen Pabelheften lesen müssen, weil man diesen Stil des älter gewordenen Primaners, der mit einem Ritterkreuz zurückkommt, schlecht erfinden kann. Ich habe zwar eine genaue Vorstellung von dem Stil gehabt, aber ich habe es dann versucht, selber zu schreiben. Es deckte sich nicht mit dem. Es muß dann bei mir Vorarbeit oder Nacharbeit einsetzen. Ich habe dann diese fünfzig Pabelhefte gelesen, zum Kummer meiner Zeitungsfrau, die es gar nicht verstand, warum ich da auf einmal Abonnent wurde. Und so sind die beiden Reden entstanden, mit Zitaten daraus, mit umgeänderten Zitaten und aus dem Zusammenfließen meiner Vorstellung mit den Pabelhefte-Vorstellungen. Der Nebeneffekt war, daß ich also nun wirklich zu den Autoren zähle, die über kriegsverherrlichende Literatur nicht bloß reden, sondern sie auch gelesen haben.

aus: Klaus Stahlbaum (Hrsg.), Gespräche mit Günter Grass, Werkausgabe Bd. X, Darmstadt 1987

M 2   Textanalyse „Katz und Maus" (S. 84)

Redentext	Besonderheiten von Syntax, Semantik, Interpunktion
„… Mannschaft ist eine eingeschworene Gemeinschaft,	Verzicht auf den Artikel
denn fern der Heimat, Belastung der Nerven enorm,	Verzicht auf das Verb
müßt euch mal vorstellen,	Verzicht auf das Personalpronomen
mitten im Atlantik oder im Eismeer unser Boot, eine Sardinenbüchse,	Verzicht auf das Verb
eng feucht heiß,	Hervorhebung der Ellipse durch Verzicht auf Kommas
Leute müssen auf Reserveaalen schlafen,	Verzicht auf den Artikel, Fachterminus
tagelang kommt nichts auf, leer die Kimm,	Fachterminus
dann endlich ein Geleitzug,	Fachterminus
stark gesichert,	Verzicht auf Relativpronomen und Hilfsverb
alles muß wie am Schnürchen,	Verzicht auf das Verb
kein Wort zu viel;	Verzicht auf das Verb
und als wir unseren ersten Tanker,	Verzicht auf das Verb
die ‚Arndale' hatte siebzehntausendzweihundert Tonnen,	Anakoluth
erst siebenunddreißig fertiggestellt,	Verzicht auf Subjekt und Hilfsverb
mit zwei Aalen mittschiffs,	Fachterminus
da dachte ich, ob Sie es glauben oder nicht, an Sie, lieber Doktor Stachnitz,	Einbezug des Publikums
bis mich unser LI durch die Sprechanlage zurückrief …	Fachterminus / Abkürzung
Sehr gut Herr Kaleu, Sie haben schulfrei heute! Aber eine Feindfahrt besteht leider nicht nur aus Angriffen,	Militärischer Befehl/Onomatopoesie
und Rohr eins und Rohr zwei looos,	
ein Himmel zum schwindlig werden, sag ich euch, und Sonnenuntergänge gibt es…"	Romantische Anspielung

53

A 25 Zur Erzählweise von Günter Grass

M 1

Textanalyse „Katz und Maus" (S. 82 f.)

Text	Beschreibung	Bedeutung
„Muß ich sagen, wie umständlich während Klohses Vorrede Zettelchen zwischen uns in den Fensternischen und den Obersekundanerinnen hin und her wanderten? Natürlich kritzelten die Quartaner ihre Ferkeleien dazwischen. Ich schickte einen Zettel mit **weißnichtwasdrauf** entweder an Vera Plötz oder an Hildchen Matull, bekam aber **weder noch** Antwort. **Mahlkes Kniekehlen klemmten noch immer Mahlkes Hände. Das Zittern verausgabte sich.** Der Kapitänleutnant auf dem Podest saß leicht beengt zwischen dem alten Studienrat Brunies, der wie immer ungeniert Bonbons lutschte, und Dr. Stachnitz, unserem Lateinlehrer. **Während** die Vorrede abnahm, **während** unsere Zettelchen wanderten, **während die Quartaner mit Taschenmessern, während** der Blick des Führerbildes sich mit dem Blick des ölgemalten Freiherrn von Conradi traf, **während die Morgensonne aus der Aula rutschte,** befeuchtete der Kapitänleutnant unentwegt den leichtgeschwungenen Sprechmund, starrte mürrisch ins Publikum und sparte die Oberschülerinnen angestrengt aus. **Die Kaleu-Mütze korrekt auf parallel gehaltenen Knien. Handschuhe unter der Mütze. Ausgehuniform. Das Ding am Hals deutlich auf unerhört weißem Hemd. Unvermittelte Kopfbewegung mit halbwegs gehorchendem Orden zu den seitlichen Aulafenstern:** Mahlke zuckte, fühlte sich wohl erkannt, **war aber nicht.** Durch jenes Fenster, in dessen Nische wir hockten, blickte der U-Boot-Kommandant in staubige unbewegte Kastanienbäume; **was** mag er denken, **was** mag Mahlke denken, **was** Klohse, **während** er spricht, Studienrat Brunies, **während** er lutscht, **was** Vera Plötz **während** dein Zettelchen, **was** Hildchen Matull, **was** mag er er denken, Mahlke oder er mit dem Sprechmund, **dachte ich damals oder denke ich jetzt** (...)"	Zusammenschreibung; Ellipse Personalisierung Personalisierung „Katalogsatz" anaphorischer Parallelismus Ellipse Ellipse Ersatzbegriff Doppelpunkt Ellipse „Katalogsatz": anaphorischer Parallelismus Perspektivwechsel Wiederholung Zeitwechsel	Jugendjargon: vorgebliche Nonchalance Körperteile erhalten ein Eigenleben; die Verunsicherung Mahlkes wird deutlich. Pilenz tastet während der Rede den Raum ab: durch die Parallelisierung erhalten alle Vorgänge die gleiche Wertigkeit. Die Uniformteile erhalten dagegen besondere Aufmerksamkeit; insbesondere das Ritterkreuz, das nicht genannt werden darf. Mahlkes Irritation wird hervorgehoben. Rundumblick: alle Personen, die Pilenz wichtig erscheinen, werden genannt. Sein eigentliches Interesse ist aber das Verhalten Mahlkes. Die Vergangenheit wirkt noch bis in die Gegenwart des Erzählers nach.

Zur Erzählweise von Günter Grass A 25

M 2

(1) Wir hielten unsere leicht zitternden Knie, mahlten Möwenmist zu Qualster, waren mäßig gespannt, halb ermüdet halb gefesselt, zählten Marinekutter, die im Verband fuhren, hielten uns an den immer noch senkrecht Rauch zeichnenden Schornsteinen des Lazarettschiffes fest, schauten uns seitlich an – er blieb lange unten –, Möwen kreiselten, Dünung über dem Vorschiff gurgelte, brach sich an den Halterungen des abmontierten Buggeschützes, Klatschen hinter der Brücke, wo zwischen Entlüftern das Wasser rückläufig wurde und immer dieselben Nieten leckte, Kalk unterm Fingernagel, Jucken der trocknen Haut, Flimmern, Motortuckern mit dem Wind, Druckstellen, das Geschlecht halbsteif, siebzehn Pappeln zwischen Brösen und Glettkau – da kam er hochgeschossen: blaurot ums Kinn und gelblich über den Backenknochen, riß Wasser aus der Luke, streng in der Mitte gescheitelt, taumelte kniehoch umspült übers Vorschiff, griff nach den ragenden Halterungen, ging auf die Knie, glotzte wäßrig, und wir mußten ihn auf die Brücke ziehen.
(S. 15 f.)

(2) Wenn ich jetzt sage, fünf Minuten Pause, sagt das gar nichts; aber nach etwa fünf jahrelangen Minuten, die wir mit Schlucken füllten, bis unsere Zungen dick und trocken in trockenen Höhlen lagen, stiegen wir einer nach dem anderen in den Kahn: im Bugraum nichts, Strömlinge.
(S. 70)

(3) Tullas Kleid war blau blau waschblau und überall zu kurz zu eng zu blau. (S. 98)

(4) Denn hätte Mahlke das Ding unter Deck verstaut; oder besser noch wäre ich nie mit Mahlke befreundet gewesen; oder noch besser, , beides zusammen: das Ding weg, in der Funkerkabine, und ich nur locker, aus Neugierde, auch weil wir in einer Klasse saßen, an Mahlke gebunden – dann müßte ich jetzt nicht schreiben, müßte nicht zu Pater Alban sagen: „War es nun meine Schuld, wenn Mahlke später… „ (S. 106)

(5) Wo ham Se die dän abjeknallt bei Bjälgerott oder bei Schietemier?" (S. 163)

(6) … und einmal – ich weiß nicht mehr, in welchem Sommer – war es während der ersten großen Ferien auf dem Kahn, kurz nach dem Rummel in Frankreich, war es im Sommer danach? – an einem Tag, heiß dunstig, mit Gewühle im Familienbad, schlaffen Wimpeln, quellendem Fleisch, starkem Umsatz der Erfrischungsbuden, auf sengenden Fußsohlen über Kokosläufern, vor geschlossenen Badezellen voller Gekicher, zwischen entfesselten Kindern: was sich wälzte, kleckerte, den Fuß aufschnitt; (…)
(S. 19 f.)

(7) Es mag sein, daß wir alle unten im Vorschiff und Mahlke im Maschinenraum, ohne es uns einzugestehen, nach einem halbaufgelösten polnischen Matrosen suchten; nicht etwa um das unfertige Ding zu stoßen, sondern so, einfach so.
(S. 43)

(8) Das Eis sang weinerlich. (S. 54)

(9) Als aber der Sommer mit Erdbeeren, Sondermeldungen und Badewetter kam, wollte Mahlke nicht schwimmen. (S. 68)

(10) Einsetzendes abebbendes gesteigertes unterdrücktes und in Schlaf übergehendes Kindergreinen und Quengeln schwappte vom Vorder- zum Hinterperron und zurück – auch Gerüche, die jede Milch gesäuert hätten. (S. 108)

(11) Beide sprachen mir über ihn, der den Dolmetscher abgab, Beileid aus: „Nu is auch Ihr Bruder Klaus abjeblieben. Ech kannt ihn zwar nur vom Sähn – abä trotzdem, son forscher Mänsch.
(S. 122)

(12) Natur, wo man hinschiß. (S. 138)

(13) War nicht mal versorgt, als er. Dank dir auch für die Kerzen damals. O allzeit Reine. Die Du im unverletzlichen Glanze. Durch Fürsprache teilhaftig werde. Liebreiche. Gnadenreiche. (S. 170) Jawohl.

Textausrisse aus: Günter Grass, Katz und Maus – Eine Novelle. dtv-11822, 9. Aufl. 1999, München

55

A 25 Zur Erzählweise von Günter Grass

M 3

Charakteristische Merkmale der Grass'schen Erzählweise

Sprachebenen		Syntax	
– Hochdeutsch:	S. 122	– „Katalogsätze":	S. 15 f., S. 19 f.
– Jugendsprache:	S. 43, S. 138	– Erweiterung der	
– Dialekt:	S. 122, S. 163	Nominalphrase:	S. 19 f., S. 108
– Fachsprache:	S. 16	– Kurzsätze:	S. 54
		– Ellipse:	S. 15, S. 70, S. 106, S. 170
Interpunktion		**Semantik**	
– Doppelpunkt:	S. 16, S. 70, S. 106	– Verzicht auf	
– Semikolon:	S. 43, S. 70, S. 106	Interpunktion:	S. 15 f., S. 98, S. 108
– Gedankenstriche:	S. 16, S. 19 f., S. 106	– Vitalisierung:	S. 54, S. 138
– Gedankenpunkte:	S. 19, S. 106	– Zeugma:	S. 68
		– Oxymoron:	S. 70

M 4

Schüler im Gespräch mit Günter Grass

Schüler: Herr Grass, Sie lasen eben aus *Katz und Maus* vor. Unter anderem haben Sie in diesem Stück „Wirliebendiesestürme" und mehrere andere Worte zusammengeschrieben. Hat das einen besonderen Zweck? Soll darauf besonders hingewiesen werden?

Günter Grass: Ja, das sind so Begriffe. Es sind eigentlich Schlagworte, Klischees. Es wurde gesagt: „Wir singen jetzt Wirliebendiesestürme", und das ist phonetisch auch übernommen. Hinzu kommt, daß dieses „Wirliebendiesestürme" ein Zeitkolorit ist, es wurde immer zu einer bestimmten Zeit zu bestimmten Anlässen gesungen. Deswegen läßt sich das so zusammenfassen.

Schüler: Außerdem war hier noch im gleichen Stück von „Vondirunddeinemtunallein" die Rede. Ich finde, das ist viel unverständlicher zu lesen, man muß öfter hinsehen, um den Sinn erst einmal herauszubekommen.

Schüler: Ich finde auch, man kann es schlecht überblicken. Manche Dinge fassen Sie zusammen wie zum Beispiel: „Ichweißnichtwas". Ich glaube aber, daß diese Begriffe nicht immer so sehr Begriffe sind, daß man ein Recht darauf hat, sie einfach so zusammenzufassen.

Schüler: Ich glaube, von Recht kann man hier nicht sprechen, denn der Schriftsteller hat ja die traditionelle dichterische Freiheit, von der er

natürlich ohne weiteres Gebrauch machen kann.

Schüler: Aber man darf sich doch nicht einfach über die Rechtschreibung der deutschen Sprache hinwegsetzen.

Schüler: Ich glaube, Herr Grass, Sie haben das eben sehr gut erklärt, und wenn Sie eben auf diese klischeeartigen Ausdrücke besonders hinweisen wollen, dann ist das durchaus gut, daß Sie das machen. Vor allen Dingen ist es vielleicht auch einmal sehr wichtig, daß man ein Wort zwei- oder dreimal liest und es nicht gleich beim ersten Male versteht.

Günter Grass: Zuerst noch einmal zu den zusammengeschriebenen Phrasen. Das ist natürlich kein beliebiges Stilmittel, sondern bewußt gesetzt: Teilweise werden Klischees übernommen, teilweise werden Formulierungen vom Autor, also vom Erzähler her, zusammengefaßt und zu einem Begriff geformt. Beides zusammen ergibt ein Zeitkolorit und zwingt gleichzeitig den Leser zu stutzen, innezuhalten, eine Sekunde lang nochmals zu überfliegen. Und jetzt sind wir schon bei diesen Passagen: Sehr viel Wichtiges – und oftmals die Dinge, die die Handlung vorantreiben – steht nicht als Hauptsatz unbedingt da, sondern kündigt sich in Nebensätzen und eingeschobenen Hauptsätzen an. Es ist oft nur ein einzelnes Wort, das eine Wendung beschreibt, und das mit Bewußtsein. Das ist

Zur Erzählweise von Günter Grass **A 25**

also dieses Unterhalten, den Leser unterhalten, aber ihn dabei gleichzeitig aktiv halten, damit er sich nicht von der Prosa wegtragen läßt und die Seite frißt als handlungsfördernden Stoff, sondern damit er wach bleibt, oder wenn er ermüdet wird, innehalten und einen neuen Anlauf nehmen muß.

Schüler: Herr Grass, im Inhalt Ihrer Bücher kommen drei Sachen vor: die Beschreibung von ekelhaften Dingen, die Beschreibung von sexuellen Dingen – das ist ein alter Hut –, jetzt kommt vielleicht etwas Neues: Sie bringen auch viel Blasphemie rein. Da habe ich jetzt ein Beispiel, da beschreiben Sie, wie ein paar Jungens in einem Schiff sitzen und Möwenmist kauen. Dazu schreiben Sie: „Das Zeug schmeckte nach nichts oder nach Gips oder nach Fischmehl oder nach allem, was sich vorstellte: nach Glück, Mädchen, nach dem lieben Gott." Die Stelle „nach dem lieben Gott" möchte ich besonders betonen; über „nach Mädchen und Glück" könnte man sich eventuell noch streiten, aber wieso kann Möwenmist nach dem lieben Gott schmecken?

Schüler: Ich finde, das ist wohl ganz einfach zu interpretieren. Ich glaube, Sie wollen damit sagen, daß der Möwenmist nach allem schmecken kann. Man kann es einfach nicht genau definieren, wonach er schmeckt. Man kann seinen Gedanken freien Lauf lassen. Man kann sich dabei ausmalen, was man will.

Schüler: Es gibt immerhin Leute, die glauben an den lieben Gott, und es müßte ihnen – wenn sie gute Christen sind – entweder Herr Grass sehr leid tun, oder sie müßten sich angegriffen fühlen. Und ich glaube doch, daß auch ein Schriftsteller, der offiziell wird, eine gewisse Form der Höflichkeit zu wahren hat.

Schüler: Ich glaube, wenn Sie da von „Mädchen"

und „Glück" oder vom „lieben Gott" schreiben, so hängt es eben von der Person ab, die im Moment den Möwenmist kaut. Die eine denkt an Mädchen, die andere an Glück, und die dritte denkt an den lieben Gott.

Günter Grass: Bei der „Möwenmist-Episode" geht es darum, daß viele Jungen gleichzeitig Möwenmist kauen, und jeder hat einen anderen Geschmack. Ich versuche nun, das Unpräzise, das Ungenaue, das Verschiedenartige des Geschmacks in dieser Reihung aufzuzählen, und außerdem mache ich darauf aufmerksam, daß es nicht heißt „Gott", sondern „lieben Gott". Das ist ein Unterschied. Es gibt zum Beispiel in *Hundejahre* eine Passage, wo der Amsel seine Zähne im Schnee sucht, nachdem sie ihm ausgeschlagen wurden. Da wird gefragt: „Was sucht er, sucht er das Glück im Schnee oder sucht er Gott im Schnee?" Da heißt es nicht: „lieber Gott". „Lieber Gott" ist schon eine Verniedlichungsform und hat etwas Süßes. Es kann sich doch ohne weiteres eine kindliche Vorstellung vom lieben Gott mit dem Geschmack von Möwenmist decken.

Schüler: Ich nehme Ihnen das, ehrlich gesagt, gar nicht ab. Ich habe den Verdacht – natürlich werde ich mich wahrscheinlich sogar irren –, daß Sie die Sache absichtlich so geschrieben haben, daß Sie sich das überlegt und nach dem Durchlesen gedacht haben: „Na, Donnerwetter, das wird aber ziehen, die werden aber staunen, was ich mich so alles traue."

Günter Grass: Wenn für mich als Autor der Begriff „lieber Gott" etwas genauso Banales und Liebenswertes und Unbestimmtes ist wie der Begriff „Mädchen", dann kann ich das ohne weiteres in einer Reihe nennen. Aber daß Sie den lieben Gott für so leicht zu beleidigen halten, das wundert mich.

---

aus: Manfred und Barbara Grunert (Hrsg.), „Wie stehen Sie dazu?" Jugend fragt Prominente. München/Bern 1967, S. 74 ff.

A 26 „Katz und Maus" – eine Novelle?

M 1

Novelle (*Italienisch: Neuigkeit*) Die Novelle ist eine besondere Form der —> Erzählung und weist bestimmte Merkmale auf, die sie von anderen Erzählformen unterscheidet (—> Epik, —> Roman). Zwar gibt es keine eindeutige Definition der Novelle, zu vielseitig ist diese Erzählgattung, man kann aber eine Reihe von Merkmalen aufzählen, die für die meisten Novellen zutreffen.

Von Johann Wolfgang Goethe stammt wohl die bekannteste Begriffsbestimmung der Novelle, die er als „eine sich ereignete unerhörte Begebenheit" bezeichnet. Sie berichtet also von etwas Ungewöhnlichem und meistens Spannendem. Dabei ist die Novelle handlungsorientiert, d. h. ein Ereignis oder ein Konflikt, der der —> Handlung zugrunde liegt, steht im Mittelpunkt und wird in knapper und stringenter Form erzählt. Die Novelle gehört zu den geschlossenen Formen (—> offene/geschlossene Form), sie ist formal klar aufgebaut. Abschweifungen, wie z.B. allgemeine Betrachtungen, ausgeprägte Naturschilderungen oder Motivationserläuterungen, sind ebenso wenig anzutreffen wie komplizierte Handlungsverläufe.

Von Anfang an ist die einsträngige Erzähltechnik auf einen Höhe- und Wendepunkt hin ausgerichtet, der häufig durch —> Leitmotive oder Dingsymbole (—> Symbol) vorausdeutend (—> Vorausdeutung) vorbereitet wird. Die Novelle ist eine konzentrierte Erzählung, die von der Länge her recht unterschiedlich sein kann, meistens jedoch kurz ist und nur selten über 50 Buchseiten füllt.

aus: Heiner Boehncke, Bernd Kuhne, Solveig Ockenfuß, Jugendlexikon Literatur. © 1989 by Rowohlt Taschenbuch Verlag GmbH, Reinbek 1989, S. 266 f.

M 2

Die Gattungsfrage

Günter Grass nennt sein neuestes Buch, „Katz und Maus", eine Novelle; dieser Rückgriff auf eine wichtige, lange Zeit vernachlässigte epische Form geschah bewusst und – auf den gegenwärtigen Zustand der deutschen Literatur bezogen – in provozierender Absicht. Novelle heißt Neuigkeit; Goethe definierte sie als Beschreibung und Darstellung einer „unerhörten Begebenheit". Um nichts Geringeres geht es Grass in „Katz und Maus". Schauplatz der Erzählung ist wiederum Danzig, das gesellschaftliche Milieu wiederum penetrant kleinbürgerlich. Es ist die innere und äußere Topografie, wie sie durch die „Blechtrommel" bekannt und literaturfähig wurde. Hier aber novellistisch konzentriert auf einen kleinen Ausschnitt, auf einige Begebenheiten, die das Leben des Helden, des Schülers Joachim Mahlke bestimmten. Mahlke, zu Beginn der Erzählung, die während des zweiten Weltkrieges spielt, etwa 14 Jahre alt, unterscheidet sich von seinen Kameraden durch einen riesengroßen Halsknorpel, landläufig Adamsapfel oder Maus genannt, der beim Schlucken deutlich auf und ab zu springen pflegt.

Dieses Attribut frühreifer Männlichkeit, das seinem Träger peinlich ist, ihm zugleich aber als Zeichen der Besonderheit gilt, wird zur Ursache aller Taten des Jungen, zur Triebfeder für die „Karriere" Mahlkes, den seine Mitschüler den Großen Mahlke nennen, bis zum Erwerb einer hohen Kriegsauszeichnung. Die oft zitierten „Halsschmerzen", hier derart psychologisch motiviert und abgeleitet und zum Gegenstand einer Novelle gemacht; geben Grass die Möglichkeit, alle Mittel seiner feinstrukturierten Sprachtechnik zu entfalten, sie selbst zum tragenden Element einer ironischen, vielschichtigen Deskription zu machen. Darin vor allem besteht der große literarische Reiz der Novelle „Katz und Maus": unabhängig vom Thema existiert sie durch die Sprache, durch den Zugriff eines an der Realität konsequent entwickelten Stils.

Klappentext der Erstausgabe von „Katz und Maus". Luchterhand Verlag, Neuwied/Berlin 1961

"Katz und Maus" – eine Novelle? **A 26**

M 3

„Ich schreibe, denn das muss weg"

Statt mehr als siebenhundert Seiten knapp hundertundachtzig; statt eines breit ausladenden, immer neue Verrücktheiten gebärenden Geschehens ein, wenn auch nicht gerade karger, so doch begrenzter Anfall von Ereignissen; statt des bösen trommelnden Zwerges Oskar ein Held, der lediglich einen überdimensionalen Adamsapfel aufzuweisen hat – man sieht, bei Günter Grass haben sich die Verhältnisse beträchtlich normalisiert. Zum Vorteil? Haben wir eine Einbuße zu beklagen?

Es liegt in der Natur der Sache, wer Oskar Matzerath, den amoralischen Gnom, liebt – und wir gehören nach wie vor zu seinen Parteigängern –, liest dieses Buch, die vorgebliche Novelle „Katz und Maus", zunächst einmal als Nachtrag zur „Blechtrommel".

[...]

Mit dem Wiedersehen aber ist es nicht getan. Im Gegenteil: Damals, vor zwei Jahren, schieden sich an der „Blechtrommel" die Geister Die einen verteidigten das Buch fast mit denselben Argumenten, mit denen die anderen es unter umgekehrten Vorzeichen angriffen. Zwischenhin aber ging es immer wieder um die Frage, was Grass denn wohl zu bieten hatte, wenn er einen Roman mit weniger ungewöhnlichem Personal und minder extremen Situationen schriebe. Damals handelte es sich um reine Spekulation. Heute liegt das Buch vor, und man kommt um diesen Punkt nicht mehr herum.

Eine vorsorgliche Antwort: Grass' „Katz und Maus" gibt sich normaler als die „Blechtrommel", aber es ist darum noch längst kein „normales" Buch. Sein Held, Joachim Mahlke, ist kein Outlaw wie Oskar, er verschließt sich nicht ganz und gar den menschlichen Gepflogenheiten, aber er bedient sich des Gesetzes und der Sitten auf völlig eigene Manier. Die alte Sorge, wie es denn um die Gültigkeit der Figur bestellt sei, ist also – in neuer Perspektive – wiederum aktuell.

Doch zunächst Joachim Mahlke und seine Geschichte. Grass hat, laut Untertitel, eine Novelle schreiben wollen, die Darstellung einer „unerhörten Begebenheit", wie Goethe diese Form genannt hat, und soweit der Verlag die Definition im Klappentext anführt, trifft sie auf „Katz und Maus" auch zu; eine Novelle ist trotzdem nicht entstanden, denn dazu gehört noch anderes: ein geschlossener Bau und ein nahezu objektiver Berichtstil, aus dem sich der Erzähler heraushält.

Gerade darum hat sich Grass nicht gekümmert. Seine Geschichte verläuft ziemlich atektonisch, und der Ich-Erzähler ist nicht nur am Vorgang unmittelbar beteiligt, er erteilt seinem Helden immerfort Zensuren und redet ihn darüber hinaus nicht nur als Mitspieler, sondern auch als Erzähler immer wieder unvermittelt an – was natürlich dem Wert der Erzählung keinen Abbruch tut und auch häufig beste Effekte bringt, was aber in einer Novelle, wenn sie wirklich eine sein soll, nun einmal nicht erlaubt ist.

aus: DIE WELT, Hamburg, 19.10.1961

A 27 Zur Enstehung des Textes

M 1

Günter Grass: „Die Blechtrommel" kann man gerne als Wurf bezeichnen. Der Ich-Erzähler, der auch noch die Antiposition zu sich selbst herstellt und erfindet, indem er von Oskar in der dritten Person spricht, agiert in einem von ihm durchlebten und überschaubaren Raum. Die „Hundejahre" holen weiter aus. Ich habe diesen Roman in einer ersten Fassung, damals noch mit dem Titel „Kartoffelschalen", ein Jahr beziehungsweise etwa dreihundert Seiten lang vorangetrieben, allerdings zu früh nach der „Blechtrommel" und noch an deren Korrekturbögen in Paris sitzend. Ich merkte bald, daß die Erfindung der Erzählposition zwar als Einfall ganz hübsch war, aber nicht über die Strecke, die sie zu tragen hatte, auch wirklich trug. Das wurde an einer Episode deutlich, die ich als solche behandeln wollte und die mir das vorhandene Konzept sprengte. Diese Episode hieß damals „Der Ritterkreuzträger" und ist dann zur Novelle „Katz und Maus" geworden. Ich habe zunächst das „Kartoffelschalen"-Manuskript liegengelassen und in relativ kurzer Zeit, einem dreiviertel Jahr, „Katz und Maus" geschrieben. Als ich damit fertig war, war auch die Erzählposition für den Roman „Hundejahre" gefunden, ein Autorenkollektiv, und ich konnte unmittelbar nach „Katz und Maus" mit der Niederschrift in ganz neuer Fassung unter dem Titel „Hundejahre" beginnen.

aus: Günter Grass, Harro Zimmermann, Vom Abenteuer der Aufklärung. Werkstattgespräche, S. 75. © Steidl Verlag, Göttingen 1999

M 2

© Spiegel, Hamburg

Intertextuelle Bezüge innerhalb des Grass'schen Werkes **A 28**

M 1

Und die Maus? Sie schlief, überwinterte im Juni.
Schlummerte unter dicker Decke, denn Mahlke
hatte zugenommen. Nicht, daß jemand, das
Schicksal oder ein Autor, sie getilgt oder gestrichen hätte, wie Racine die Ratte in seinem Wappen gestrichen und nur den Schwan geduldet
hatte. *(S. 146)*

M 2

Racine läßt sein Wappen ändern

Ein heraldischer Schwan
und eine heraldische Ratte
bilden – oben der Schwan,
drunter die Ratte –
das Wappen des Herrn Racine.

Oft sinnt Racine
über dem Wappen und lächelt,
als wüßte er Antwort,
wenn Freunde nach seinem Schwan fragen
aber die Ratte meinen.

Es steht Racine
einem Teich daneben
und ist auf Verse aus,
die er kühl und gemessen
Mondlicht und Wasserspiegel verfertigen kann.

Schwäne schlafen
dort wo es seicht ist,
und Racine begreift jenen Teil seines Wappens,
welcher weiß ist
und der Schönheit als Kopfkissen dient.

Es schläft aber die Ratte nicht,
ist eine Wasserratte und nagt, wie Wasserratten es tun,
von unten mit Zähnen
den schlafenden Schwan an.

Auf schreit der Schwan,
das Wasser reißt,
Mondlicht verarmt und Racine beschließt,
nach Hause zu gehen,
sein Wappen zu ändern.

Fort streicht er die heraldische Ratte.
Die aber hört nicht auf, seinem Wappen zu fehlen.
Weiß stumm und rattenlos
wird der Schwan seinen Einsatz verschlafen
Racine entsagt dem Theater.

aus: Günter Grass, Gedichte und Kurzprosa. Werkausgabe
Bd. 1, S. 91 f. © Steidl Verlag, Göttingen 1997

A 28 Intertextuelle Bezüge innerhalb des Grass´schen Werkes

M 3

(1) ...und mittenmang der heute dreiundzwanzigjährigen Aufzucht, unterhalb fürsorglich gebeugter Erwachsener, schlug ein etwa dreijähriger Balg monoton hölzern auf eine Kinderblechtrommel und ließ den Nachmittag zu einer höllischen Schmiede werden ... *(S.20)*

(2) ...auch glaube ich, etwas von einem dreijährigen Kind gelesen zu haben, das die Bande als Talisman, Maskottchen in Ehren gehalten hatte. *(S.112)*

(3) Da kam mir, nach zwei Krankenschwestern, die einen humpelnden lachenden humpelnden Leutnant führten, nach zwei Großmüttern und einem vielleicht dreijährigen Jungen, der nicht zu den Großmüttern gehören wollte, sondern eine Kindertrommel, die aber still blieb, bei sich führte, abermals etwas aus februargrauem Dornentunnel entgegen und vergrößerte sich: ich stieß auf Mahlke. *(S.127 f.)*

(4) ...auch kam das Bengelchen ohne Großmütter mit nun lauter Kinderblechtrommel zurück, schlug um uns einen magisch schmeckenden Halbkreis und verging endlich mit seinem Lärm in der Verjüngung der Allee. *(S.128 f.)*

(5) So erfuhr ich, daß schon wieder keine Zwiebeln vorrätig, daß aber bei Matzerath brauner Zucker und Gerstengrütze zu bekommen seien, auch daß der Fleischer Ohlwein Schmalzfleischkonserven erwarte ... *(S.131 f.)*

Textausrisse aus: Günter Grass, Katz und Maus – Eine Novelle. dtv-11822, 9. Aufl. 1999, München

M 4

Zugegeben: ich bin Insasse einer Heil- und Pflegeanstalt, mein Pfleger beobachtet mich, läßt mich kaum aus dem Auge; denn in der Tür ist ein Guckloch, und meines Pflegers Auge ist von jenem Braun, welches mich, den Blauäugigen, nicht durchschauen kann.

Mein Pfleger kann also gar nicht mein Feind sein. Liebgewonnen habe ich ihn, erzähle dem Gucker hinter der Tür, sobald er mein Zimmer betritt, Begebenheiten aus meinem Leben, damit er mich trotz des ihn hindernden Gucklochs kennenlernt. Der Gute scheint meine Erzählungen zu schätzen, denn sobald ich ihm etwas vorgelogen habe, zeigt er mir, um sich erkenntlich zu geben, sein neuestes Knotengebilde. Ob er ein Künstler ist, bleibe dahingestellt. Eine Ausstellung seiner Kreationen würde jedoch von der Presse gut aufgenommen werden, auch einige Käufer herbeilocken. Er knotet ordinäre Bindfäden, die er nach den Besuchsstunden in den Zimmern seiner Patienten sammelt und entwirrt, zu vielschichtig verknorpelten Gespenstern, taucht diese dann in Gips, läßt sie erstarren und spießt sie mit Stricknadeln, die auf Holzsöckelchen befestigt sind.

Oft spielt er mit dem Gedanken, seine Werke farbig zu gestalten. Ich rate davon ab, weise auf mein weißlackiertes Metallbett hin und bitte ihn,

Intertextuelle Bezüge innerhalb des Grass'schen Werkes **A 28**

sich dieses vollkommenste Bett bunt bemalt vorzustellen. Entsetzt
schlägt er dann seine Pflegerhände über dem Kopf zusammen, versucht
in etwas zu starrem Gesicht alle Schrecken gleichzeitig Ausdruck zu geben und nimmt Abstand von seinen farbigen Plänen.
Mein weißlackiertes metallenes Anstaltsbett ist also ein Maßstab. Mir ist
es sogar mehr: Mein Bett ist das endlich erreichte Ziel, mein Trost ist es
und könnte mein Glaube werden, wenn mir die Anstaltsleitung erlaubte, einige Änderungen vorzunehmen: Das Bettgitter möchte ich erhöhen
lassen, damit mir niemand mehr zu nahe tritt. [...]

Es gibt noch ein gutes Dutzend Schnappschüsse des liegenden, sitzen-
den, kriechenden, laufenden, einjährigen, zweijährigen, zweieinhalb-
jährigen Oskar. Die Aufnahmen sind mehr oder weniger gut, bilden insgesamt nur die Vorstufe zu jenem ganzfigürlichen Portrait, das man
anläßlich meines dritten Geburtstages machen ließ.
Da habe ich sie, die Trommel. Da hängt sie mir gerade, neu und weißrot
gezackt vor dem Bauch. Da kreuze ich selbstbewußt und unter ernst ent-
schlossenem Gesicht hölzerne Trommelstöcke auf dem Blech.
Da habe ich einen gestreiften Pullover an. Da stecke ich in glänzenden
Lackschuhen. Da stehen mir die Haare wie eine putzsüchtige Bürste auf
dem Kopf, da spiegelt sich in jedem meiner blauen Augen der Wille zu
einer Macht, die ohne Gefolgschaft auskommen sollte. Da gelang mir
damals eine Position, die aufzugeben ich keine Veranlassung hatte. Da
sagte, da entschloß ich mich, da beschloß ich, auf keinen Fall Politiker
und schon gar nicht Kolonialwarenhändler zu werden, vielmehr einen
Punkt zu machen, so zu verbleiben – und ich blieb so, hielt mich in dieser Größe, in dieser Ausstattung viele Jahre lang.
Kleine und große Leut', Kleiner und Großer Belt, kleines und großes
ABC, Hänschenklein und Karl der Große, David und Goliath, Mann
im Ohr und Gardemaß; ich blieb der Dreijährige, der Gnom, der Däum-
ling, der nicht aufzustockende Dreikäsehoch blieb ich, um Unterschei-
dungen wie kleiner und großer Katechismus enthoben zu seine, um
nicht als einszweiundsiebzig großer, sogenannter Erwachsener einem
Mann, der sich selbst vor dem Spiegel beim Rasieren mein Vater nannte, ausgeliefert und einem Geschäft verpflichtet zu sein, das, nach Matzeraths Wunsch, als Kolonialwarengeschäft einem einundzwanzigjähri-
gen Oskar die Welt der Erwachsenen bedeuten sollte. Um nicht mit einer
Kasse klappern zu müssen, hielt ich mich an die Trommel und wuchs
seit meinem dritten Geburtstag keinen Fingerbreit mehr, blieb der Dreijährige, aber auch Dreimalkluge, den die Erwachsenen alle überragten,
der den Erwachsenen überlegen sein sollte, der seinen Schatten nicht mit
ihrem Schatten messen wollte, der innerlich und äußerlich vollkommen
fertig war, während jene noch bis ins Greisenalter von Entwicklung fa-
seln mußten, der sich bestätigen ließ, was jene mühsam genug und oftmals unter Schmerzen in Erfahrung brachten, des es nicht nötig hatte,
von Jahr zu Jahr größere Schuhe und Hosen zu tragen, nur um beweisen zu können, daß etwas im Wachsen sei.
Dabei, und hier muß auch Oskar Entwicklung zugeben, wuchs etwas –
und nicht immer zu meinem Besten – und gewann schließlich messia-
nische Größe; aber welcher Erwachsene hatte zu meiner Zeit den Blick
und das Ohr für den anhaltend dreijährigen Blechtrommler Oskar?

aus: Günter Grass, Blechtrommel. Werkausgabe Bd. 3, S. 9 f./70 f. © Steidl Verlag,
Göttingen 1997

A 29 Intertextuelle Bezüge außerhalb des Grass'schen Werkes

M 1

Nach vier Uhr

Bis zu dieser Zeit war ich kaum mit den Dorfjungen in den Straßen herumgelaufen. Eine Hüftgelenkstuberkulose, an der ich bis zu diesem Jahr 189… litt, hatte mich ängstlich und unglücklich gemacht. Ich sehe noch, wie ich, kläglich auf einem Bein hüpfend, den leichtfüßigen Schülern in den Gassen um das Haus nachlief.
Deshalb durfte ich nur selten nach draußen gehen. Und ich erinnere mich, dass Millie, die sehr stolz auf mich war, mich mehr als einmal mit ein paar Ohrfeigen ins Haus zurückholte, weil sie mich humpelnd mit den Lausbuben des Dorfes erwischt hatte.
Das Erscheinen von Augustin Meaulnes, das mit meiner Genesung zusammenfiel, war der Anfang eines neuen Lebens.
Bevor er kam, begann für mich um vier Uhr, nach dem Unterricht ein langer, einsamer Abend. (…)

Aber es ist jemand gekommen, der mich all diesen Freuden eines friedlichen Kindes entrissen hat. Jemand hat die Kerze ausgeblasen, die mir das sanfte, über das Abendessen gebeugte Antlitz meiner Mutter erhellte. Jemand hat die Lampe gelöscht, um die wir als eine glückliche Familie saßen, abends, wenn mein Vater die hölzernen Klappläden an den Glastüren eingehängt hatte. Und dieser Jemand war Augustin Meaulnes, den die anderen Schüler bald den großen Meaulnes nannten.
Seit er bei uns in Pension war, das heißt seit den ersten Dezembertagen, war die Schule abends nach vier Uhr nicht mehr leer und verlassen. Trotz der Kälte, die durch die Schwingtür hereindrang, trotz des Geschreis der putzenden Jungen mit ihren Wassereimern blieben immer noch etwa zwanzig große Schüler aus dem Ort und von der Umgebung nach dem Unterricht dicht gedrängt um Meaulnes in dem Klassenraum zurück. Und es kam zu langen Diskussionen und endlosen Streitgesprächen, in die ich mich eifrig und gern einmischte.
Meaulnes sagte nichts; aber seinetwegen kam es, dass ständig einer mit dem größten Mundwerk aus der Mitte der Gruppe hervortrat, der Reihe nach alle seine Kameraden, die laut zustimmten, zu Zeugen nahm und irgendeine lange Geschichte von Felddiebstahl erzählte, der alle anderen still lachend und mit offenem Munde lauschten.

Meaulnes saß auf einem Pult, baumelte mit den Beinen und dachte nach. Bei den guten Stellen lachte auch er, aber leise, als wollte er sein lautes Lachen für eine bessere Geschichte aufbewahren, die nur er kannte. Wenn es dann dunkel wurde und kein Licht mehr durch die Scheiben des Klassenraums auf die unruhige Gruppe der jungen Burschen fiel, stand Meaulnes plötzlich auf, schritt durch den engen Kreis und rief: „Los, gehen wir!"
Dann folgten ihm alle, und ihre Rufe waren bis in die dunkle Nacht oben im Ort zu hören …

aus: Henri Alain-Fournier, Der große Meaulnes, Stuttgart 1994, S. 15 ff.

Die Intention des Regisseurs **A 30**

M 1

Foto: Deutsche Kinemathek, Berlin

M 2

Günter Grass – aktuell verfilmt
Interview mit dem ‚Katz-und-Maus'-Regisseur Hansjürgen Pohland

Am 1. Juli dieses Jahres fiel in Danzig (dem heutigen polnischen Gdansk) die erste Klappe bei den Dreharbeiten der Grass-Verfilmung „Katz und Maus". Das Produktions- und Schauspieler-Team der Westberliner „Modern Art Film" fuhr für sechs Wochen nach Polen, um hier – an den vom Autor beschriebenen originalen Schauplätzen – die Außenaufnahmen dieses Films zu drehen. Das Projekt, in dem unter anderem (an der Seite von Wolfgang Neuss, Ingrid van Bergen, Michael Hinz, Claudia Bremer usw.) Lars und Peter Brandt, die beiden Söhne des Regierenden Bürgermeisters von Berlin, ihre schauspielerische Bewährungsprobe in der Doppelrolle des Gymnasiasten bzw. des Panzergrenadiers Mahlke bestehen müssen, hat von Anbeginn an ein großes internationales Interesse gefunden. Für die „Tat" hat sich unser Korrespondent Bohdan Ziolkowski an Ort und Stelle ausführlich mit dem Produzenten und Regisseur Hansjürgen Pohland (Jahrgang 1934) über die Konzeption sowie die bisherigen Dreharbeiten unterhalten.(…)

Bohdan Ziolkowski: Welche Grundidee vertritt der Film? Ist es etwa das Schuldgefühl, das Sie erwähnt haben?
Hansjürgen Pohland: Es wird immer mehr sichtbar, dass der Film im Grunde genommen mehrere Ideen vertritt. Da ist vorerst die Idee von Grass so stark, und wunderbar: dieser Ritterkreuzträger, der die ganzen Dinge – Panzer abschießen, das Ritterkreuz klauen und alles andere – eigentlich nur deshalb tut, weil er einen Minderwertigkeitskomplex hat. Das finde ich schon sehr gut, dazu noch in Deutschland… Man darf gewisse „so genannte Werte" nicht antasten. So ein Orden ist teilweise immer noch etwas Besonderes, und daran etwas zu knabbern und die Dinge – sagen wir mal – doch anders zu beleuchten, das sehe ich mit in dieser Novelle und natürlich auch im Film. Aus diesem Grunde haben wir auch eine Reihe von Gegnern in Deutschland, die schon jetzt tätig sind, weil der Orden schlechthin und besonders, wie gesagt, das Ritterkreuz – ich will vorsichtig sagen –

65

A 30 Die Intention des Regisseurs

lächerlich gemacht würden. Insofern ist in jedem Falle eine geschlossene Idee da. Die anderen Punkte, die ich aus der Novelle auch herauslese und sie also auch in meiner Regiekonzeption vertreten kann: dass Pilenz ziemlich genau weiß, was er angestellt hat, und aus einem Schuldgefühl heraus bei Grass schreibt, bei uns hierher kommt. Hier liegt praktisch die zweite Ebene. Ich habe mich jahrelang mit den Figuren Pilenz und Mahlke beschäftigt. Ich bin heute in der Lage, dass ich die Leute einteile – in Pilenz und in Mahlke. Also: es gibt da einen, der den anderen aufstachelt, und einen anderen, der blindlings all das nachahmt, freiwillig nacheifert. Das ist die Geschichte von Pilenz und Mahlke … Und ich habe folgende Lösung gefunden: ich habe nicht mehr den jungen Pilenz, weil der junge Pilenz doch nicht aus der intellektuellen Sicht sehen kann wie der alte Pilenz. Der alte Pilenz kommt hierher, und der alte Pilenz bleibt in jeder Szene, die wir spielen, der alte Pilenz. Ich gehe also bewusst noch einen Schritt weiter als „Marienbad", wo in zwei Ebenen gespielt wurde – einmal heute einmal „letztes Jahr in Marienbad". Für mich passieren Heute und Gestern in einer Ebene, spielt also der alte Pilenz von heute zusammen mit dem Jungen von damals.

Bohdan Ziolkowski: Welche Rolle soll die Gegewart in diesem Film spielen?

Hansjürgen Pohland: Die Distanz aufzeigen und damit einen erweiterten Assoziationsradius für den Beschauer bilden. Ich finde, das gehört einfach dazu: dass der heutige Pilenz in der heutigen Welt lebt. Hinzu kommt ja noch ein neues Problem dadurch, dass der Film hier (in Danzig) spielt. Sie nennen es „Revanchismus". Wir haben besondere Gruppen bei uns, die sich zusammengeschlossen haben. Dieses Problem ist einfach da und muss ausgesprochen werden. Ich finde, es geht nicht, dass man die Dinge verschweigt und jetzt nicht hochspielt. Ich habe Parallelen dazu. Im vorigen Jahr gab es (wohl in der Zeitschrift „Stern") ein paar Artikel darüber. Da gingen die Wellen hoch. Ich finde einfach, dass diese Probleme verarbeitet werden müssen und nicht in der Schublade liegen können, um

dort zu schwelen. Es gibt diese Vereine und Verbände, die immer noch irgendwelche mutmaßlichen Ansprüche anmelden, und man verschweigt diese Dinge. Es ist so, dass die Reaktion allein schon aufhorchen lässt. Wir haben von den Heimatvertriebenen – wie sie sich nennen – Proteste gegen diesen Film, dass wir diesen Film überhaupt machen! Grass – muss ich dazu sagen – ist bei diesen Leuten nicht nur nicht gut angeschrieben, sondern existiert überhaupt nicht für sie. Dieser Film ist also – natürlich auch durch die Figur von Grass, was man nicht vergessen darf, und durch seinen Einsatz im letzten Wahlkampf – bei uns ein Politikum und wird wahrscheinlich diese ganze Sache einmal mehr hochspülen und hochspielen.

Bohdan Ziolkowski: Die polnische Kritik – das Buch ist ja auf polnisch erschienen – lobte die Undefiniertheit des Mahlke, dass Grass diese Figur so ziemlich undefiniert lässt, sie nicht am Ende unzweideutig abstempelt. Kommt das im Film auch zum Ausdruck?

Hansjürgen Pohland: Ja, was heißt … das verstehe ich jetzt nicht, was Sie unter „undefiniert" meinen?

Bohdan Ziolkowski: Man meinte, dass die Figur Mahlkes psychologisch ziemlich einseitig dargestellt sei, dass eigentlich vor allem der Katholizismus Mahlkes für seine Taten verantwortlich sei. Wie ich im Drehbuch gelesen habe, wird das im Film wohl nicht so stark zum Ausdruck kommen – der Katholizismus des Jungen?

Hansjürgen Pohland: Doch, der Katholizismus kommt auch zum Ausdruck. Nur wäre es völlig falsch, wenn man diese ganzen Dinge allein auf den Katholizismus abschöbe, denn für mich ist Mahlke ein Mann … Wir haben ungeheure Landstriche, die evangelisch sind. Es wäre abwegig, wenn ich jetzt sagte: nur im Rheinland (weil die ja gerade katholisch sind) finde ich Mahlke – und in einem anderen Land, in Mecklenburg (weil die protestantisch sind) finde ich Solches würde in Deutschland ein völlig falsches Bild geben. Natürlich ist die Jungfrau Maria und alles das, was bei Mahlke eine große Rolle spielt, auch im Film verankert. Aber nicht, sagen wir mal, mit dem Gewicht, wie es bei Grass da war, weil ich es, wie gesagt,

nicht allein daraufschieben möchte. Ich fände es unrichtig, jetzt plötzlich eine Sache daraus zu machen, die nur dadurch entsteht, dass eine katholische Kirche besteht. Da sind noch ganz andere Momente, die Mahlke zum „Michel" machen, wenn Sie so wollen, oder die einen zum „Mahlke" machen. Warum lassen sich Leute zu Handlungen zwingen, die sie vielleicht gar nicht verantworten können? Vielleicht ist es tatsächlich so, dass man, wenn man den Film gesehen hat, ein wenig davon weiß, warum gewisse Dinge passieren konnten. Dass es einfach schwache und starke Menschen gibt … Mahlke ist ja nicht etwa ein schwacher Mensch, aber er geht doch irgendwo in eine Bahn aus Komplexen, und da ist sein Verhältnis zur katholischen Kirche nur einer davon.

Bohdan Ziolkowski: Noch einmal auf die Gestalt Pilenz' zurückkommend: Kann man aus dem Film schließen, dass er jetzt alles kritisch beobachtet und, – sagen wir ganz theoretisch – wenn wieder so eine Situation eintreten würde, in welcher er sich damals befunden hatte, würde er sich jetzt anders verhalten als damals? Würde er anders handeln? Ist er reif geworden?

Hansjürgen Pohland: Ja – ich würde sagen: er ist reif geworden. Das kommt ganz zum Schluss zum Ausdruck. Es ist ganz klar, dass er sich noch einmal mit seiner Schuld beschäftigt und dann die Sache für ihn wirklich erledigt ist. Es kommt noch etwas dazu, was ich teilweise gar nicht im Buch habe, das Dokumentarfilmmaterial, das ich einschieben möchte. Parallel zu dieser Handlung läuft zum Beispiel – wir haben es „Aufstieg Mahlkes" genannt – das Dokumentarmaterial: Parteitag in Nürnberg, Sportfeste usw. Man sieht also, wie ein Volk praktisch reif gemacht werden soll zum Krieg. Wir sehen dann, durch den ganzen Film durchlaufend, diese Teile aus Wochenschauen. Zum Ende dann eine Fahrt aus einer S-Bahn in Hamburg. Eine lange Fahrt an einem Ruinenfeld in Hamburg vorbei. Das ist die Schlussphase. So, dass ich also endlich eine weitere Ebene mit einbaue, wo ich mit diesem Dokumentarmaterial den ganzen Krieg zeige.

aus: Die Tat, Zürich, 20.8.66

Eine Filmrezension **A 31**

M 1   Katz und Maus

Deutschland 1966. 88 Min. Filmselbstkontrolle: ab 18; nicht feiertagsfrei. Prädikat der Filmbewertungsstelle Wiesbaden: „Wertvoll".

Nur wenige Filmprojekte wurden von ihrer Ankündigung bis zur Fertigstellung von solch heftigem Für und Wider begleitet wie die Verfilmung der Günter-Grass-Novelle „Katz und Maus". Die Diskussion ging von links bis rechts durch alle Lager. Der fertige Film wird wenig Aufregung verursachen; er ist aufs Ganze gesehen misslungen, weil die Novelle gründlich missverstanden wurde. [...]

Produzent Hansjürgen Pohland, der nach dem Tod von Walter Henn auch die Regie übernahm, hält sich – von einigen Einzelheiten abgesehen – streng an die literarische Vorlage, ohne indes die Novelle richtig in den Griff zu bekommen und sie der Eigengesetzlichkeit des filmischen Mediums entsprechend überzeugend umzusetzen. Wer die Grass-Novelle nicht kennt, wird mit dem Film wenig anfangen können, so verwirrend und unverständlich ist über weite Strecken seine Komposition. Womit im Grunde schon das Urteil über ihn gesprochen ist.

In der Novelle wie im Film ist Mahlkes Schulfreund Pilenz der Erzähler. Unverständlicherweise aber rückt Pohland in einem kurzen Vorspann den Novellenschluss an den Filmanfang: Pilenz lässt 1959 auf einem Treffen der „Übriggebliebenen" den verschollenen Mahlke ausrufen. Die Figur des Pilenz verbleibt weiterhin in der Gegenwart. Wie ein Dokumentarfilm mutet der Auftakt an: Pilenz im schnittigen Sportwagen gen Danzig fahrend, das heute Gdansk heißt. Atmosphärische und erinnerungsmächtige Bildfolgen der ehemals westpreußischen Landschaft. Dann ein Schild „Gdansk", das berühmte Krantor kommt in Sicht, die alten Patrizierhäuser neben Neubauten, spielende Kinder, Badegewimmel am Strand. Pilenz' Autofahrt durch die polnische Gegenwart ist Suche nach der Vergangenheit, die unvermittelt mit der alten Schule ins Bild gerückt wird. Als Mahlke in der Schülertracht der 40er Jahre auftaucht und sich mit Pilenz unterhält. Diese Rückblende, die keine ist, überrascht durch ihre Originalität; doch was anfangs als filmische Besonderheit gefällt, verwirrt und ermüdet im weiteren Verlauf. Die bloße Häufung unterschiedlicher Stilmittel ergibt noch keinen Stil. Gegenwart und Vergangenheit durchdringen sich laufend, Pilenz ist mal Erzähler, dann wieder Beobachter oder aktiv am Geschehen Beteiligter. Um die Distanz stärker zu betonen, arbeitet Pohland zudem noch mit den Mitteln der Stilisierung; die Figuren werden zu statischen Bildern oder zu bleichen Puppen aus Gips und Kork – ein Ausflug in die Pop-Art-Welt, als Verfremdungseffekt beim ersten Mal reizvoll, in der ständigen Wiederholung aber maniriert wirkend. Ein weiteres Element der Verfremdung, die eingeschnittenen Wochenschauaufnahmen von Kriegsschauplätzen, verfehlt ebenfalls seine Wirkung. Pohland degradiert mit ihnen die Auftritte des Jagdfliegers und des Kapitänleutnants als Referenten vor den Schülern zur bloßen Illustration des Krieges, wo Grass' Entlarvung falscher Ideologien und missbrauchten Idealismus im Sinn hat. Wie überhaupt dem Film die skurrile Hintergründigkeit der Novelle fehlt.

Vor allem klammert Pohland das katholische Milieu des Mahlke fast völlig aus, Mahlke, der an Gott nicht glaubt, den „der Gekreuzigte nicht besonders interessiert", der aber „ewig beten rennt". Auch wird zu wenig deutlich gemacht, dass Mahlke an die Bedeutung einer militärischen Karriere glaubt, und seine Wende vom hochdekorierten Soldaten zum Deserteur überzeugt rein gar nicht. Es fehlt dem Film der differenzierte Hintergrund der Novelle, die Einordnung der komplexen Mahlke-Figur in die Zeitgeschichte, die Grass mit seinem Erfindungsreichtum von Situationen und seiner Sprachkraft so unvergleichlich gelang. Die poetische Dichte der Novelle – der Film erreicht sie nicht. Die groteske Spielerei mit dem Ritterkreuz ist die Aufregung nicht wert, die sie hervorgerufen hat. Sie bleibt episodisch im Film, erreicht nicht die von Grass beabsichtigte Symbolkraft für die Perversion des Menschen in der grauenhaften Wirklichkeit des Krieges. Die Entlarvung des falschen Heldentums, der Protest gegen den Krieg – hier findet er nicht statt. Hervorzuholen ist, dass der Regisseur die peinlichen Pubertätsspielchen der Schüler sehr zurückhaltend gestaltet hat. Der Film ist frei von spekulativen Szenen.

Die Figur des Mahlke ist mit Lars und Peter Brandt doppelt besetzt. Lars, ein wirklich komisches Talent, trifft den Mahlke der Novelle mit billiger Nickelbrille, Mittelscheitel und linkischem Getue verblüffend echt, während Peter der Figur des Panzerschützen Mahlke vieles schuldig bleibt. Wolfgang Neuß als Pilenz spielt äußerst diszipliniert, weit entfernt vom „Auf-die-Pauke-Hauen", doch tut er sich schwer mit den unterschiedlichen Zeitebenen.

Alles in allem: Ein „entschärfter" Grass, jedweder politischen Brisanz beraubt, kein frecher und anstößiger Film, aber auch kein tiefgründiger und betroffen machender. Wozu die Aufregung?

aus: Jahrbuch Film 1967, Hanser Verlag, München 1967

A 32 Günter Grass 1927–1999

M 1

Günter Grass 1965

Günter Grass 1999

Literaturnobelpreis 1999 für Günter Grass

M 2

Der Schriftsteller Günter Grass 1927–1963

Im Kleinbürger- und Arbeiter-Vorort Danzig-Langfuhr, der dem „Hundejahre"-Erzähler welthaltig genug erscheint, in der Welt Oskar Matzeraths und Walter Materns, wurde Günter Wilhelm Grass am 16. Oktober 1927 geboren. Der Sohn eines Kolonialwarenhändlers und einer Mutter von kaschubischer Abstammung zeigte sich schon früh vielseitig begabt: Er zeichnete, malte und machte sich als 13-Jähriger, angeregt durch ein Preisausschreiben der NS-Schulzeitschrift „Hilf mit!", an die Niederschrift seines ersten Romans. Titel: „Die Kaschuben".

Die Kindheit versorgte den Schriftsteller mit einigen seiner wichtigsten Motive: mit kindlicher Affinität zum Unappetitlichen und Unheimlichen, mit Böse-Buben-Trotz und infantiler Grausamkeit mit Aberglauben, Kinderängsten und Abzählvers-Magie; mit dem scheinheiligen Kinderlieder-Tonfall seiner Lyrik („Wer lacht hier, hat gelacht? Hier hat sich's ausgelacht") und mit der verfremdeten Märchenerzähler-Syntax seines Prosa-Stils: „In Danzig-Langfuhr also... wohnte ein Mädchen, das hieß Tulla Pokriefke und war schwanger, wusste aber nicht, von wem."

Grass durchlief die generationstypischen Stationen als Pimpf, Hitlerjunge und Luftwaffenhelfer. 1945 durfte er noch eben in Hitlers Endkampf eingreifen, dem er im „Hundejahre"-Buch ein virtuoses satirisches Kapitel gewidmet hat: Grass schildert – getreu seinem Prinzip der „Entdämonisierung" – den letzten Akt des Dritten Reiches aus der Perspektive des entlaufenen Führerhundes Prinz und in einem Stil, der gleichzeitig NS-Propaganda, militärische Kommando-Sprache und Heidegger-Philosophie parodiert. (...)

An Führers letztem Geburtstag wurde der 17-jährige Grass bei Kottbus verwundet. Er kam nach Marienbad (Tschechoslowakei) ins Lazarett und von dort nach Bayern in amerikanische Gefangenschaft. Im Früh-

jahr 1946 wurde er ins Rheinland entlassen. Er arbeitete zunächst bei Bauern, dann in einem Kalibergwerk bei Hildesheim. Von einem Versuch, in Göttingen das Abitur nachzuholen, nahm der unfertige Gymnasiast nach kurzem Anlauf wieder Abstand. Grass: „Als der Geschichtslehrer von der Emser Depesche anfing, hatte ich die Nase voll." (...) Ende 1947 wollte sich Grass in Düsseldorf an der Kunstakademie einschreiben. Weil die Akademie wegen Kohlenmangel geschlossen war, ging er einstweilen bei den Düsseldorfer Firmen Göbel und Moog in die Steinmetz-Lehre. Bis 1958 meißelte er – wie sein Oskar – hauptsächlich Grabsteine.

1949 öffnete sich dem jungen Kunstwilligen die Akademie. Bei dem Bildhauer Sepp Mages und dem Maler Otto Pankok, die in der „Blechtrommel" unter den Namen Maruhn und Kuchen karikiert sind, lernte Grass modellieren und zeichnen. (...)

Von Düsseldorf zog Grass 1953 nach Berlin. Er wurde Schüler des Metallplastikers Karl Hartung. In Berlin kam er – zunächst weniger durch eigene Initiative – auch der Literatur näher. Ein Freund, der Maler und Plastiker Ludwig Gabriel Schrieber, übergab einige Grass-Gedichte an Karl Hofer, der sie Gottfried Benn vorlegte. Altmeister Benn, damals auf der Höhe seines zweiten Ruhmes, prüfte die Lyrik-Proben, bescheinigte Talent, gab aber den Rat, der junge Nachwuchsautor solle sich erst einmal in Prosa üben.

Der Ratschlag wurde nicht befolgt. Zwar machte Grass damals schon Pläne und Notizen zu einem epischen Prosawerk, der späteren „Blechtrommel", doch einen Roman, so sagt er heute, habe er sich nicht zugetraut. Er zeichnete, modellierte und schrieb vorerst weiter Verse, verfasste außerdem Dramatisches und Ballett-Libretti.

1955 erhielt er den Dritten Preis in einem Lyrik-Wettbewerb des Süddeutschen Rundfunks. Dichtergattin

Anna Margareta – Grass heiratete die Schweizer Tänzerin aus gut situiertem Hause 1954 – hatte einige Verse aus der Schublade genommen und nach Stuttgart eingesandt. Der Funk-Preis trug dem bis dahin unbekannten Autor eine Einladung der „Gruppe 47" ein, sein Auftritt in Hans Werner Richters literarischem Wander-Salon verhalf ihm zu einem Verlag: 1956 erschien bei Luchterhand das erste Grass-Buch: „Die Vorzüge der Windhühner." Der Gedichtband war mit Grass-Grafik angereichert und, wie auch alle folgenden Grass-Bücher, mit einem vom Autor entworfenen Umschlag versehen. Zu der Umschlagzeichnung für „Katz und Maus" – sie zeigt eine Katze mit umgehängtem Ritterkreuz – ließ Grass sich durch ein SPIEGEL-Titelbild Erich Mendes inspirieren. (...)

Mit seiner Lyrik fand Grass naturgemäß nur geringe Resonanz. Aber auch mit seinen Theaterstücken („Beritten hin und zurück", „Hochwasser", „Onkel, Onkel", „Noch zehn Minuten bis Buffalo", „Die bösen Köche", „Zweiunddreißig Zähne") hatte er wenig Erfolg. Die kleinen und mittelgroßen farcenhaft-poetischen Spiele, die seine Kritiker zumeist missbilligend mit den Pariser Absurdisten verglichen, wurden entweder nicht oder nur in Studio-Theatern oder aber – so meint der Autor – schlecht und falsch aufgeführt.

Grass besteht heute nicht mehr unbedingt darauf, dass der Misserfolg alle seine Stücke zu Unrecht getroffen habe. Doch aus Ärger über das Theater, so behauptet er nach wie vor, habe er sich schließlich auf die Epik geworfen: In der „Blechtrommel" verarbeitete er mehrere Schauspiel-Ideen.

1956 zog das Ehepaar Grass nach Paris. Frau Anne wollte sich tänzerisch weiterbilden, der Schriftsteller suchte an der Seine „literarischen Abstand vom Berliner Jargon", der ihm „vor allem als Bühnenautor zu verführerisch" erschien. In einem

A 32 Günter Grass 1927 – 1999

Pariser Hinterhaus, Avenue d'Italie 111, entstand das Buch von Oskar, von Danzig, den Kaschuben und Düsseldorf.

Es waren entbehrungsreiche Jahre. Grass, der vom Luchterhand-Verlag mit monatlich 300 Mark unterstützt wurde, hat nie die Verdienstmöglichkeiten genutzt, die viele seiner Kollegen ernährten: Er schrieb und schreibt keine Hörspiele, Features und Nachtprogramme und nur selten für Zeitungen. Als Nothelfer bewährte sich „Akzente"-Herausgeber Walter Höllerer, der Grass-Texte in seiner Literatur-Zeitschrift abdruckte und großzügig honorierte. Ein firmengeschichtlicher Aufsatz, den die traditionsreiche Berliner Meierei Bolle für eine Jubiläumsschrift bei Grass bestellte (Überschrift: „Heiden bekehren oder Milch verkaufen"), brachte dem Dichter 300 Mark ein.

Ziemlich abgebrannt fuhr Grass im Oktober 1958 zur Tagung der „Gruppe 47" nach Großholzleute im Allgäu. Er las aus dem „Blechtrommel"-Manuskript vor und erhielt den durch Verleger-Spenden auf 5 000 Mark gesteigerten Gruppenpreis. (…)

Mit seinem Erstlingsroman etablierte sich der Grafiker-Dichter im Ersten Rang der deutschen Gegenwartsliteratur. Auch durch einschränkende und ablehnende Rezensionen klang Anerkennung für das stürmische Erzähltalent des jungen Autors, das im ausgedörrten deutschen Nachkriegsschrifttum besonders auffallen musste.

Grass, dem der epische Einfall und die realistische Präzision über alles gehen, der auf chronologischer Erzählweise besteht und manche Kollegen wegen der Verwendung moderner Stilmittel, wie innerer Monolog oder Rückblende, der „Schreibfaulheit" bezichtigt, Grass, der Abstrakte und „Labordichter", Walter Jens und Max Bense, action painters und nouveaux romanciers bespöttelt, prägte sich mit der „Blechtrommel" dem Publikum als eine Art Kraftmeier des Fabulierens ein. (…)

Als der Senat der Stadt Bremen

Ende 1959 den von einer unabhängigen Jury Grass zuerkannten Bremer Literaturpreis (8000 Mark) dem Blechtrommler vorenthielt, war auch sein Ruf als Deutschlands führender Schock-Schriftsteller gesichert.

Obszönität und Blasphemie, an denen die hanseatischen Stadtväter Anstoß genommen hatten, gelten seitdem als Grass-notorisch. Sie trugen seinen Büchern bis heute etwa zwei Dutzend – erfolglose – Strafanzeigen ein. Der literarische Buhmann Grass rechtfertigt die Anstößigkeiten als Details der Realität, die unterschiedslos präzise beschrieben werden müsse: „Eine Liebesszene genauso wie ein Mittagessen." Grass mokiert sich über die von anderen Autoren geübten Rücksichten: „Wenn es ins Schlafzimmer geht, wird es bei denen dunkel." Und: „Bei Böll kommen die Jungen mit roten Köpfen hinter den Büschen hervor – das ist doch lächerlich."

Einleuchtender erklärt Grass die erotische Drastik aus seinem „Sinn für groteske Komik". Und außerdem schreibt er solche Szenen „natürlich auch, weil es mir Spaß macht."

Lästerung und Antiklerikalismus im Grass-Werk korrespondieren absonderlich mit der katholischen Herkunft des Danziger Autors, der „keinen Grund" sieht, „aus der Kirche auszutreten", und seine Kinder katholisch erziehen lässt: „Die können dann später selbst merken, was damit los ist."

„Hundejahre"-Held Matern schmäht katholische Nazi-Kollaborateure, aber Pilenz, der fiktive „Katz und Maus"-Erzähler, sagt über sein Verhältnis zum Katholizismus: „Kann von dem Zauber nicht lassen." Autor Grass fühlt sich, wie er sagt, „von dem heidnischen Element im Katholizismus angezogen", und er distanziert sich von puritanisch gesinnten Kirchenkritikern: „Ich bin keiner, der das Gold von den Kathedralen abkratzen will."

„Blechtrommel"-Erfolg und -Skandal, die Ruhm und Image des Schriftstellers Grass begründeten, etablierten ihn auch finanziell. Von den Tantiemen seines Erstlingsro-

mans allein könnte Grass, seit 1960 zurück in Berlin, heute gut leben. Die Originalausgabe, die deutschen Taschenbuch- und Buchklub-Lizenzen, die französischen, englisch-amerikanischen, italienischen, skandinavischen, mexikanischen und jugoslawischen Übersetzungen des Bestsellers – portugiesische und niederländische werden vorbereitet – brachten dem Autor in vier Jahren rund 400 000 Mark ein. An „Katz und Maus" (deutsche Auflage des Originalbuches: 30 000) verdiente er seit 1961 über 50 000 Mark. Vom „Katz und Maus"-Taschenbuch, das Anfang August herauskam, konnte der Rowohlt-Verlag in vier Tagen 36 000 Stück absetzen. (…)

Die „Blechtrommel"-Tantiemen ermöglichten Grass sorgenfrei fast vier Jahre Schreibarbeit, regelmäßig vor- und nachmittags, für seinen zweiten Roman aufzuwenden, der ursprünglich „Kartoffelschalen" heißen sollte: Grass hatte eine kartoffelschälende Magd als Zentralfigur vorgesehen; an den sich abwickelnden Schalen sollten die Episoden und Kapitel des Romans aufgereiht werden. Doch dieser Einfall erwies sich als nicht tragfähig. Erklärte Grass: „Die Schalen wurden nicht lang genug."

Nach den „Hundejahren" kann Grass mit Sicherheit ohne Sorgen und ohne Hast weiterschaffen: Schon einen Monat vor der Veröffentlichung des Romans waren 25 000 Exemplare von den Buchhandlungen fest vorbestellt. Der Bestsellerautor will nun „von Zeit zu Zeit ein Gedicht machen", will das im „Hundejahre"-Roman beschriebene Ballett „Die Gärtnerstochter und die Vogelscheuchen" zu einem regulären Libretto ausarbeiten und, nachdem die geplante „Katz und Maus"-Verfilmung durch den Tod des Regisseurs und Grass-Freundes Walter Henn vereitelt wurde, für den Berliner Produzenten Pohland einen neuen, originalen Filmstoff entwickeln. Einen neuen Roman plant er noch nicht, doch meditierte er bereits über die epische Ergiebigkeit des Themas „Vertriebenentreffen".

aus: Der Spiegel, Nr. 36 vom 4.9.1963, S. 64 ff.

M 3

Der Nobelpreis in Literatur 1999 für Günter Grass
„Weil er in munterschwarzen Fabeln das vergessene Gesicht der Geschichte gezeichnet hat"

Als Günter Grass 1959 *Die Blechtrommel* herausgab, war es, als wäre der deutschen Literatur nach Jahrzehnten sprachlicher und moralischer Zerstörung ein neuer Anfang vergönnt worden. Auf den Seiten dieses seines ersten Romans wurde eine verlorene Welt wiedererschaffen, die der Nährboden seines schriftstellerischen Werkes gewesen war, die Heimatstadt Danzig, wie sie Grass aus seinen frühen Jahren vor der Katastrophe des Krieges erinnerte. Hier nahm er sich der großen Aufgabe an, die Geschichte seiner Zeit dadurch zu revidieren, dass er das Verleugnete und Vergessene wieder heraufbeschwor: die Opfer, die Verlierer und die Lügen, die das Volk vergessen wollte, weil es einmal daran geglaubt hatte. Gleichzeitig sprengt das Buch dadurch den Rahmen des Realismus, dass es Hauptgestalt und Erzähler eine teuflische Intelligenz in dem Körper eines Dreijährigen sein lässt, ein Monstrum, das sich der Menschlichkeit mit Hilfe einer Spielzeugtrommel bezwingend nähert. Der unvergessliche Oskar Matzerath ist ein Intellektueller mit der Kindlichkeit als kritischer Methode, ein Einmannkarneval, der Dadaismus, der im Alltag der deutschen Provinz in dem Augenblick durchgeführt wird, als die kleine Welt in den Wahnsinn der großen Welt hineingezogen wird. Man wagt die Vermutung, dass *Die Blechtrommel* zu den bleibenden literarischen Werken des zwanzigsten Jahrhunderts gehören wird.

Günter Grass hat sich als „Spätaufklärer" bekannt in einer Zeit, die der Vernunft müde geworden ist. Er fabuliert und hält gelehrte Vorträge, er fängt Stimmen auf und monologisiert dreist, er ahmt nach und schafft gleichzeitig eine ironische Mundart, die nur er beherrscht. Durch seine Macht über die deutsche Syntax und seine Bereitschaft, ihre labyrinthischen Feinheiten zu nutzen, erinnert er an Thomas Mann. Sein schriftstellerisches Werk ist ein Dialog mit dem großen Erbe deutscher Bildung, der mit sehr strenger Liebe geführt wird.

Nach der *Blechtrommel* kehrte Grass in zwei untereinander sehr unterschiedlichen Werken zum Thema Danzig zurück. Die straffe Erzählung *Katz und Maus* zeigt, wie die magische Freundschaft der Knabenjahre untergeht, als die Kriegsspiele auf den wirklichen Krieg treffen. Die *Hundejahre* sind Grass' modernistischstes Werk, ein Text ohne bestimmbares Zentrum, ein Raum für Stimmen und ein Treffpunkt für Fieberträume, die, wie sich zeigt, mit dem Leben zusammenfallen.

In anderen Romanen wählte Grass eine eher diskursive Linie und plädierte für den Zweifel und den guten Willen. In der öffentlichen Debatte seines Heimatlandes ist er Kraftquell und Fels des Ärgernisses, aber für literarische Größen draußen in der Welt wie García Márquez, Rushdie, Gordimer, Lobo Antunes und Kenzaburô Ôe ein bewunderter Vorgänger.

Der Roman *Der Butt* bedeutete die Rückkehr des großen Stils in sein schriftstellerisches Werk in Form einer Weltgeschichte, die voll gestopft ist mit wahren Schnurren und hitzigen ideologischen Diskussionen. Grass stellt die Entwicklung der Zivilisation dar als einen Kampf zwischen verheerenden männlichen Träumen von Größe und weiblicher Kompetenz. Der Ausgang ist ungewiss. Der sprechende Butt, den Gebrüdern Grimm abgeworben, ist in seiner Eigenschaft als Ratgeber der Frauen ein Weltgeist, wie Hegel sich ihn nie hätte vorstellen können. Der Erzähler selbst bleibt dagegen eine notorisch unzuverlässige Mannsperson und rettet den Spielraum für Unartigkeiten, ohne den die Kunst stirbt.

Die beiden Hauptgestalten in *Ein weites Feld*, der ewige Humanist und der ewige Spitzel, setzen vor dem Hintergrund des Wilhelminischen Deutschland und der heutigen Bundesrepublik das Verhältnis der künstlerischen Fantasie zur Staatsmacht in Szene. Das Buch war ein Zankapfel der deutschen Literaturkritik, aber befestigte die Stellung des Schriftstellers als desjenigen, der die großen Fragen an die Geschichte unseres Jahrhunderts stellt. Sein letztes Buch *Mein Jahrhundert* ist ein Kommentar, der das zwanzigste Jahrhundert fortlaufend begleitet und einen besonderen Scharfblick für den verdummenden Enthusiasmus zeigt. Der Spatenstich des Günter Grass in die Vergangenheit gräbt tiefer als der der meisten, und er findet, wie die Wurzeln des Guten und Bösen miteinander verschlungen liegen. Wie in den *Hundejahren* festgestellt wird: „Als Gott noch zur Schule ging, fiel ihm auf himmlischem Pausenhof ein, mit seinem Schulfreund, dem kleinen begabten Teufel, die Welt zu erschaffen."

Pressemitteilung der Schwedischen Akademie, 30.9.1999

Didaktisch-methodischer Kommentar

Einleitung

Literatur in deutschen Schulen ist (...) eigentlich immer ein Alptraum gewesen. (...) Es herrscht die Interpretationssucht. Literarische Texte werden nicht an den Schüler herangebracht, um bei ihm die Lust am Lesen auszulösen, um ihm die Chance zu geben – und sei es mit den verschiedensten Gedanken –, sich mit einem Text zu identifizieren, sich selbst zu erleben, sondern um ihn auf eine schlüssige Interpretation hinzuführen. Das tötet die Literatur ab. Literatur ist trotz der deutschen Schule lebensfähig geblieben, aber dies tötet in einem sehr frühen Alter die Lust am Lesen ab. Literatur hat mit Kunst zu tun, es ist eine Kunstform und in erster Linie ästhetischen Gesetzen verpflichtet. Dieses Produkt der Kunst lebt davon, dass es vieldeutig ist, doppelbödig und eine Menge von Interpretationen zulassen kann. Es muss erst einmal respektiert werden, dass der, der auf ein Bild, auf ein Buch reagiert, etwas für ihn Wichtiges erlebt. Das ist erst einmal richtig, auch wenn es sich nicht mit der Interpretation des Lehrers deckt.

Günter Grass: Von morgens bis abends mit dem deutschen pädagogischen Wahn konfrontiert [Mai 1980], in: Werkausgabe Bd.X, Darmstadt/Neuwied 1987, S.245.

Die folgenden Vorschläge versuchen, die Philippika von Günter Grass gegen die „Interpretationssucht" ernst zu nehmen und die Schüler nicht auf eine einlinige Deutung des literarischen Textes festzulegen. Die Arbeitsblätter wollen die eigene Person des Schülers in die Literaturbetrachtung einbeziehen und damit auch ein Geschehen, das räumlich wie zeitlich der aktuellen Perspektive fern liegt, dem Schülerhorizont annähern. Vorausgesetzt wird dabei, dass die Klasse sich auf phantasievollen, kreativen Unterricht einlässt und nicht von vornherein darauf ausgerichtet ist, lediglich abiturnahe Fakten zu rezipieren.

In zehn Sequenzen werden Vorschläge für diesen Anspruch vorgelegt. Sie bauen sukzessive aufeinander auf, können aber selbstverständlich anders gruppiert werden. Mitunter werden verschiedene Alternativen für ein unterrichtliches Vorgehen vorgeschlagen. Es wird wohl kaum möglich sein, alle hier vorgelegten Materialien im Unterricht einzusetzen. Das Programm zu reduzieren, bleibt dem Benutzer vorbehalten.

Sequenz I zeigt Möglichkeiten auf, wie Schüler sich von außen her einen ersten Zugang zur Novelle verschaffen können: sei es über die Umschlaggestaltung des Buches und den Titel oder über das zentrale Thema des Textes – die Pubertätsprobleme von männlichen Jugendlichen.

Die Sequenz II versucht eine „Erste-Hilfe"-Leistung anzubieten. Der Sprachstil von „Katz und Maus"

macht es Schülern erfahrungsgemäß schwer, einen eigenen Zugang zu finden. Die ersten drei Textabschnitte sollten daher gemeinsam im Unterricht gelesen und erarbeitet werden, bevor die eigene Lektüre beginnt. Vorschläge für lektürebegleitende Arbeitsaufträge dienen anschließend dazu, die Lektüre der Schüler zu strukturieren und einen roten Faden durch das Geschehen zu legen. Nach Abschluss der Lektüre sollte eine Stunde folgen, in der eine „Mindmap" entwickelt wird, die die Fragen der Schüler zum Text sammelt und ordnet.

Während die Schüler den Text selbstständig lesen, kann mit Hilfe der in **Sequenz III** vorgelegten Materialien die besondere Geschichte der Stadt Danzig erarbeitet werden. Diese Kenntnis des historischen Kontexts erscheint unerlässlich, um die Atmosphäre des Geschehens verstehen zu können. In dieser Sequenz wird in drei Schritten gearbeitet: Die kurze Geschichte der „Freien Stadt Danzig" sollte mit der Gesamtgruppe behandelt werden. Die beiden für die Protagonisten von „Katz und Maus" wesentlichen Aspekte – Schule und Kirche in Danzig – können dann von Teilgruppen untersucht werden. Dabei geht es darum, jeweils die spezifische Entwicklung dieser Bereiche in den dreißiger Jahren zu erkennen und anschließend Anknüpfungspunkte in der Grass' schen Novelle zu entdecken.

Sequenz IV ist auf die zentrale Figur der Novelle, den „Großen Mahlke", ausgerichtet. In mehreren Abschnitten wird versucht, die Person Mahlke in ihren verschiedenen Facetten sichtbar zu machen. Dabei wird das zentrale Dingsymbol der Novelle, Mahlkes Adamsapfel, ebenso zur Sprache gebracht wie sein Verhältnis zur Religion und insbesondere das zur Jungfrau Maria, die Funktion des Ritterkreuzes, die Rolle der Musik und die Bedeutung des Minensuchbootes – auch im Hinblick auf eine Deutung der Novelle als Initiationsgeschichte.

In **Sequenz V** steht die Figur des Erzählers im Mittelpunkt: In knappen Zügen wird die Biographie von Heini Pilenz entworfen. Darüber hinaus aber geht es um das Verhältnis zu Mahlke, das als Gegensatz von Verfolger und Verfolgtem, Täter und Opfer, sinnbildlich: von Katz und Maus, betrachtet wird. Die textlichen Analogien zum Passionsbericht des Markus- Evangeliums gehen in die Deutung ebenso ein wie historische Zwänge in der Schlussphase des II. Weltkriegs.

Sequenz VI zielt auf die drei weiblichen Nebenfiguren, die das Novellengeschehen weniger zentral bestimmen, obwohl sie für Mahlke und auch für Pilenz wichtig sind. Tulla Pokriefkes Rolle wird dabei mit Hilfe von Textauszügen aus den „Hundejahren" erarbeitet. Die Biographien von Mahlkes Mutter und Tante können dagegen ausgehend von den Angaben in der Novelle von den Schülern selbst geschrieben und entwickelt werden.

Sequenz VII setzt sich mit formalen Aspekten des Textes auseinander. Dabei werden die Erzählperspektive und der Sprachstil analysiert, die Entstehung des Textes thematisiert und das zumindest in den Jahren nach der Erstveröffentlichung kontrovers diskutierte Genre „Novelle" besprochen.

Mit wenigen Beispielen wird in **Sequenz VIII** versucht, die Novelle in das künstlerische Gesamtwerk von Günter Grass einzuordnen. Mit einem kurzen Textauschnitt aus „Le Grand Meaulnes" von Alain-Fournier wird ein weiterer literarisches Bezugspunkt von „Katz und Maus" genannt.

Sequenz IX stellt die Verfilmung der Novelle im Jahr 1967 vor. Die Schüler sollen die Absichten des Regisseurs kennen lernen und die filmische Umsetzung bewerten.

Sequenz X schließlich rundet mit Abbildungen und Informationen zur Biographie des Autors zwischen 1927 und 1999 den Unterricht ab. Dabei kann natürlich auf einen Verweis auf die Verleihung des Literatur-Nobelpreises 1999 nicht verzichtet werden.

Sequenz I: Zugänge zum Text

A 1 Vergleich der Titelbilder

Die erste Begegnung der Schüler mit „Katz und Maus" sollte über den Umschlag der Originalausgabe von 1961 (**M 1**) geschehen. Dabei lassen sich Assoziationen zum möglichen Inhalt des Buches sammeln, die in den anschließenden Unterricht eingehen und für die Textinterpretation nutzbar gemacht werden können. Die Illustration für den Umschlag stammt von Günter Grass selbst, der das Titelblatt mit einer souveränen Sparsamkeit gestaltet hat, die sich wohl nur der Autor selbst herausnehmen konnte.

Der Umschlag zeigt (auf Vorder- und Rückseite) lediglich eine große, massige Katze mit einem schwarz-weißen, gepardenartig gemusterten Fell und voluminösem Hinterteil. Sie liegt da mit aufmerksam erhobenem Kopf, den Betrachter frontal mit abweisend-lauerndem Blick im Auge haltend. Auch in dieser Ruhelage erscheint sie sprungbereit und aggressiv. An einem breiten rot-weißen Band hängt der Ritterkreuzorden; die weißen Flecken auf schwarzem Grund deuten darauf hin, dass hier etwas unsach-

gemäß ausgekratzt wurde. Für die dtv-Ausgabe von 1999 wurde leider nur ein Ausschnitt aus der Grass' schen Originalgraphik verwendet. Das Tier wirkt hier weniger riesig und bedrohlich – auch der grüne Untergrund (die Wiese ?) ist verschwunden.

Es ergeben sich von selbst Fragen nach Bedeutung und Charakter der Katze, dem Grund ihrer Aggressivität, der Rolle des Ordens, der (durch die Farbe des Bandes) so deutlich abgehoben ist, seinen „weißen Flecken" und ihrer Ursache – vor allem aber nach dem ausgesparten Pendant der Katze. Das zweite Tier im Novellentitel, die Maus, fehlt in der Bilddarstellung.

Wie der Titel andeutet, geht es um Täter und Opfer. Angeregt werden damit Spekulationen, warum die Maus fehlt. Ist hier bewusst eine Leerstelle gelassen, damit der Leser/Betrachter die von der Katze ausgehende Bedrohung auf sich selbst beziehen muss und so in das Geschehen eingebunden wird?

Deutlich werden müsste aber bei diesem Unterrichtsschritt, dass die Illustration noch keinen detaillierten Rückschluss auf den Inhalt der Novelle erlaubt. Sie gibt lediglich erste Hinweise zur Thematik des Textes (Täter-Opfer-Verhältnis) und vermittelt gleichzeitig eine bedrohliche Atmosphäre, die den Leser neugierig auf den Text macht.

Ganz anders geht dagegen im Vergleich der Illustrator der ersten Taschenbuchausgabe aus dem Jahr 1963 vor (**M 2**). Dieses Titelbild von Werner Rebhuhn stellt einen Jugendlichen mit markantem Profil ins Zentrum, der dem nationalsozialistischen Kämpfertypus nahe kommt. Die Gestalt wird durch aufgeworfene Lippen, einen übergroßen Adamsapfel und einen Orden am Hals geprägt. Auf Halshöhe ist eine Wiedergabe der Sixtinischen Madonna zu finden, die als „ungerahmter Öldruck" in Mahlkes Zimmer hängt (S. 25, 27, 39, 73 f.) und auf seine Marienverehrung verweist (S. 43). Die Illustration zeigt neben den schwarzen Umrissen der Zentralfigur unterschiedliche Brauntöne: einen hellbeigen Hintergrund, dunkle Brauntöne für das Madonnenbild, rotbraune Farbe für das Ordensband. Die Rückseite der Taschenbuchausgabe stellt in blauer Farbe eine Büste von G. E. Lessing und in Schwarz zwei Gedenktafeln für die Gefallenen des I. und II.Weltkriegs dar (S. 146). Beide Elemente verweisen auf den „Conradinischen Geist" (S. 154) und die Folgen.

Die Illustration wirkt damit wie ein Puzzlespiel, das mit wichtigen Versatzstücken aus dem Text arbeitet und die Lesererwartungen auf die Handlungszeit, auf Motive und Handlungselemente lenkt. Im Unterschied zur Irritation, die Grass als Stilmittel seiner

Didaktisch-methodischer Kommentar

Illustration wählt, geht es hier um die Engführung des Lesers, d.h. der Leser erhält mehr konkrete Hinweise auf mögliche Textinhalte.

Mit diesem Titelbild könnte auch erst gearbeitet werden, wenn der Text bereits zu Hause gelesen wurde und die Schüler über den Inhalt Bescheid wissen. Dann ergibt sich die Möglichkeit, die Details der Illustration auf den Text zu beziehen und als Suchaufgabe im Text wiederfinden zu lassen.

Die Analyse der beiden Buchumschläge sollte durch Überlegungen zum Buchtitel ergänzt werden. Das sprichwörtliche Verhältnis von Katze und Maus lässt sich ohne Schwierigkeiten auf das grausam-lustvolle Spiel des Stärkeren mit einem schwächeren Partner übertragen. Die Schüler können weitere idiomatische Wendungen finden, in denen die Begriffe „Katze", „Maus" oder die Verbindung von beiden eine Rolle spielen („Die Katze lässt das Mausen nicht", „Wenn die Katze aus dem Haus ist, tanzen die Mäuse ...", „Die Katze im Sack kaufen", „nur einen Katzensprung entfernt", „Wie die Katze um den heißen Brei schleichen", „Mit Speck fängt man Mäuse", „Sich in ein Mauseloch verkriechen" ...)

Mit Hilfe des Titels und der gefundenen Sprichwörter und Redewendungen können die Schüler aufgefordert werden, mündlich oder schriftlich mögliche Textinhalte oder Themenbereiche zu formulieren. So vage diese Orientierung zunächst auch erscheint, lassen sich daraus doch bereits unterschiedliche Szenarien von Täter-Opfer-Beziehungen, von verdrängter Schuld und Befreiungsversuchen aus der Opferrolle entwickeln.

A 2 Männliche Jugendliche in der Pubertät

Diese Arbeitsblatt kann als alternative Einstiegsvariante in die Textlektüre genutzt werden. Mithilfe der hier versammelten Texte können die Schüler für das Thema „Jungen in der Pubertät" sensibilisiert werden, um für das Geschehen um Mahlke und Pilenz Vorwissen zu schaffen und Bewusstsein aufzubauen. Die Titelgeschichte des STERN vom 8.6.2000 (**M 2**) macht auf das Konfliktpotential aufmerksam, dem sich Jungen in der heutigen Gesellschaft ausgesetzt sehen. Bevor der Artikel selbst im Unterricht erarbeitet wird, sollte nur die Titelseite (**M 1**) als Impuls eingesetzt werden. Die Widersprüchlichkeit der Überschrift dürfte vermutlich in gleicher Weise Zustimmung wie Ablehnung bei Schülerinnen und Schülern auslösen: Was qualifiziert Männer zum „starken Geschlecht"? Trifft die (möglicherweise) vorhandene größere körperliche Stärke auch auf die Psyche zu? Mit welchen Erwartungen an gesell-

schaftliches Verhalten haben sich männliche Jugendliche auseinanderzusetzen? Das Unterrichtsgespräch kann durch den Einbezug der Ober- bzw. Untertitel – „Zwischen Macho und Mama" bzw. „Von der Qual, ein Mann zu werden" – noch intensiviert werden, weil diese das Spannungsfeld, in dem männliche Jugendliche sich zurechtfinden müssen, gut auf den Punkt bringen.

Der Auszug aus dem dazugehörigen Illustriertenartikel verdeutlicht dann beispielhaft, welche Schwierigkeiten es heute bereitet, ein Mann zu werden: Der Erwartungsdruck ist hoch, die Orientierungsmöglichkeiten dagegen sind äußerst schwach ausgeprägt. Von der Werbung, der Erwachsenenwelt, den Mitschülern, Mädchen und nicht zuletzt der eigenen Gruppe wird ein Anpassungsdruck auf die männlichen Jugendlichen ausgeübt, dem sie kaum gewachsen sind.

Den alltagspraktischen und schlagwortartig zugespitzten Aussagen der Illustrierten STERN kann der folgende wissenschaftliche Text (**M 3**) gegenübergestellt werden. Hier sollte zunächst die Tabelle „Ausprägung männlicher und weiblicher Geschlechtsrollenmerkmale" untersucht werden, um daraus ein Charakterbild des „typischen" Jungen bzw. Mädchen entstehen zu lassen. Es dürfte sich ein Konzept ergeben, das von der Darstellung im STERN nicht unerheblich abweicht, da es deutlich konventioneller geprägt ist. Die männlichen Jugendlichen sehen sich als willensstark, durchsetzungsfähig bis aggressiv, leistungsfähig. Geht man von dieser Selbsteinschätzung aus, erkennt man, dass egozentrische, statusbezogene Werte bei den Jungen deutlicher ausgeprägt sind, soziales Engagement, Rücksicht oder Solidarität dagegen eine wesentlich geringere Ausprägung erfahren. Der Psychologe und Pädagoge Hartmut Kasten führt ihr Verhalten auf einen Reifungsrückstand Mädchen gegenüber zurück; sie würden sich selbst als unterlegen einschätzen und daher den Kontakt mit dem anderen Geschlecht vermeiden oder besonders grobschlächtig auftreten.

Die Widersprüche zwischen beiden Texten sollten abschließend diskutiert werden. Auch wenn deutlich wird, dass sie nicht grundsätzlicher Art, sondern mehr als Nuancen aufzufassen sind, lässt sich immerhin erkennen, dass in den letzten zehn Jahren offensichtlich Brüche in den Selbsterfahrungskonzepten entstanden sind. Von diesen Aussagen sollte auf die Meinungen der Schülerinnen und Schüler zurückgeschlossen werden. Zu fragen wäre, ob die geschilderten Erfahrungen und Interpretationen mit den eigenen übereinstimmen oder an welchen Stellen Widersprüche deutlich werden.

Didaktisch-methodischer Kommentar

Sequenz II: Lektüre des Textes

A 3 Einstieg in die Textlektüre

Um eventuellen Schwierigkeiten bei der Textlektüre zuvorzukommen, sollte den Schülern zunächst lediglich die ersten vier Abschnitte der Novelle vorgelegt und detailliert auf die erzählerischen und sprachlichen Besonderheiten des Grass-Textes eingegangen werden.

Hier müsste zunächst ganz banal geklärt werden:

- *Wer tritt auf?* (Ein Schulklasse, genannt werden vom Erzähler: Joachim Mahlke, Hotten Sonntag und der Lehrer, Studienrat Mallenbrandt)
- *Wann spielt sich das Geschehen ab?* (Eine konkrete Datierung ist nicht möglich; private Zeitangaben – „als Mahlke schon schwimmen konnte" – werden mit historischen Andeutungen – Untergang eines polnisch-englischen Bootes – verknüpft.)
- *Wo findet es statt?* (Auch hier ist der geographische Handlungsort noch nicht erkennbar; genannt wird zum einen ein Sportplatz zwischen Krematorium und Technischer Hochschule, zum anderen das Wrack eines Bootes „südöstlich der Ansteuerungstonne Neufahrwasser")

Offensichtlich gehört diese Melange von sehr detaillierten und zugleich vagen Angaben zum privaten Erzählstil eines Erzählers, der selbst sehr genau weiß, wovon er erzählt, ohne sich darum zu kümmern, ob Außenstehende den Sachverhalt verstehen.

Im ersten Satz bereits wird der Name Mahlkes genannt, der in Zusammenhang mit einer merkwürdigen Chronologie gebracht wird (der „schon schwimmen konnte") – eine offensichtlich bedeutsame Fähigkeit, die jedoch von den meisten Jugendlichen als selbstverständlich angesehen werden dürfte. Der Erzähler, dessen Gedanken durch Zahnschmerzen abgelenkt sind, scheint als Mitspieler bei einem Ballspiel unverzichtbar. Mitschüler geraten nur allgemein als „sie" ins Blickfeld. Dagegen beobachtet der Erzähler aufmerksam eine Katze, die ihn offensichtlich mehr interessiert als seine Kameraden.

Von besonderem Interesse erscheint die Erzähltaktik der ersten Sätze: Grass beginnt seine Novelle im Märchenduktus „es war einmal ..."). Die drei Punkte am Beginn des Satzes verweisen darauf, dass offensichtlich ein (zufälliger?) Ausschnitt aus einem größeren Realitätszusammenhang gewählt wurde. Auffällig ist auch der Subjektwechsel in jedem dieser Sätze und der Wechsel von der Außen- zur Innenperspektive, vom Spielfeld zum Zahnweh. Sind die-

se Aspekte geklärt, kann auf die *Atmosphäre der Handlung* eingegangen werden, auf die mehrfach geschachtelte *Position des Erzählers* und auf *erzählerische Mittel.*

Deutlich würde dann, dass die scheinbar friedliche Situation mit verdeckter Aggressivität unterlegt ist (die Hinweise auf das „Schlagball"-spiel, auf Hotten Sonntag, der „sein Schlagholz mit einem Wollstrumpf" rieb). Auch die impliziten Anspielungen auf die Kriegssituation müssten angesprochen werden „Flugzeug", „Krematorium", „Ostwind"). Das Dreieck zwischen Erzähler, Mahlke und der Katze schließt sich, wenn der Adamsapfel zum Angriffsziel wird; die innere Spannung des Erzählers, die aus der Konzentration auf seine Zahnschmerzen rührt, sich durch den Sprung der Katze löst. Damit wird das Geschehen auf der äußeren Ebene mit der inneren verknüpft.

Ins Blickfeld gerät auch der Vermutungsstil des Autors, der seinem Erzähler nicht nur die Perspektive Mahlkes vorenthält, sondern auch im Unklaren darüber lässt, wer die Verantwortung für diesen Angriff auf Mahlke trägt. An dieser Stelle sollte ein knapper Verweis auf die verblüffende Position eines Erzählers genügen, der sich selbst als Medium eines anderen erkennt und mit dem Wissen, selbst eine fiktive Gestalt zu sein, die Illusion der Erzählwelt sprengt. Ausführlicher wird sich damit der Unterricht in einer eigenen Sequenz zur Erzählweise auseinandersetzen (vgl. **A 23**).

Sprachliche Auffälligkeiten dürften die Schüler am Beginn ihrer Lektüre deutlich irritieren. Von den Normen der Alltagssprache weicht Grass ab im Bereich der Zeichensetzung (Verzicht auf Kommata – „Wechsel Fangball Übergetreten" –; häufiger Gebrauch des Doppelpunkts und des Semikolon und der Groß- und Kleinschreibung).

Der Satzbau steht dagegen in Übereinstimmung mit den grammatischen Regeln: Grass wechselt von Kurz- zu Langsätzen und ändert damit das Handlungstempo. Auffällig sind hier vor allem die exzessiv langen, im Wesentlichen parataktisch gebauten Sätzen, die jeweils fast einen ganzen Abschnitt füllen. Sie enthalten parallele Teilsätze, die durch Kommata, aber auch Doppelpunkte und Semikola aneinandergereiht sind. Damit lassen sich unterschiedliche Intentionen des Erzählers verbinden. Geht es ihm im zweiten Textabschnitt darum, die Erzählsituation aufzubauen und seine Requisiten vor dem Leser auszubreiten, verweist der dritte Abschnitt bereits auf die innere Erregtheit des Berichtenden und die besondere Bedeutung des Bootes mit allen seinen Details.

75

Didaktisch-methodischer Kommentar

Als sprachliche Besonderheit fällt insbesondere die Anthropomorphisierung von Gegenständen auf, wenn es etwa heißt: „Mein Zahn schwieg, trat nicht mehr auf der Stelle: denn Mahlkes Adamsapfel wurde der Katze zur Maus".

Die Irritationen der Schüler dürften in die Frage münden, wie weit sich ein Autor von den Regeln der Alltagssprache entfernen darf und was er damit erreichen will. Günter Grass stellt sich im Dezember 1963 im Anschluss an eine Lesung von „Katz und Maus" dem Gespräch mit Schülern (**M 2**). Mit großer Ernsthaftigkeit geht er auch auf ihre Fragen ein. Die Skepsis gegenüber einem experimentell-innovativen Sprachstil („Kann der Dichter praktisch machen, was er will?") dürfte in gleicher Weise bei heutigen Schülern zu finden sein.

In seiner Antwort verweist Grass auf die experimentelle Prosa von Alfred Döblin, Uwe Johnson und Arno Schmidt. Er fordert den aktiven Leser, der an der Produktion des Textes mitbeteiligt ist, und er betont das „Reduzieren der Sprache auf die Dinglichkeit hin" (vgl. dazu auch **A 25**).

Dieser zentrale Begriff sollte als Abschluss der Einstiegslektüre übersetzt werden können: Es geht Grass um ein Maximum an sinnlicher und gegenständlicher Vielfalt. Sein Ziel – so Grass 1999 in einem Gespräch – ist es, „einen harten bis übergenauen Realismus" zu schaffen, „der ins Phantastische umschlägt, wobei das Phantastische immer die Funktion hat, die Realität zu verstärken."

(Günter Grass/Harro Zimmermann: Vom Abenteuer der Aufklärung. Werkstattgespräche, Göttingen 1999, S.77.)

A 4 Lektüre des Textes

Im Anschluss an diesen Lektüreeinstieg lesen die Schüler den gesamten Novellentext zu Hause. Als begleitender Arbeitsauftrag wird vorgeschlagen, in einer Tabelle den zeithistorischen Hintergrund, der in der Novelle entfaltet wird, mit den Lebensdaten von Joachim Mahlke zu kontrastieren (**M 1**). Damit soll eine Strukturierung des Geschehens erleichtert werden. Vorgegeben sind lediglich die Seitenangaben der Tabelle; die Angaben zu Zeit- und Lebensgeschichte sollen die Schüler selbst eintragen. Bei der Besprechung der Ergebnisse sollte deutlich werden, wie sehr die private Geschichte Mahlkes im Vordergrund des Textes steht, während die politischen und militärischen Daten das Handlungskolorit, den atmosphärischen Hintergrund, bilden. Offensichtlich wird das Privatgeschehen von den äußeren Ereignissen geprägt, ohne dass dies den Protagonisten bewusst wird. Nur so lässt sich verstehen, dass wesentliche Daten häufig nur *en passant* eingeworfen bzw. gänzlich ausgespart werden.

Zusätzlich sollen die Schüler in dem Ausschnitt aus dem Stadtplan von Langfuhr (**M 2**) die Straßen und Orte farblich hervorheben, die im Novellentext genannt sind (Lösung s. S. 77). Hier spielt sich – neben der Badeanstalt in Brösen – im Wesentlichen die Novellenhandlung ab. Das Terrain der Jugendlichen in diesem Danziger Vorort ist präzise benannt. Grass orientiert sich an vorhandenen Gegebenheiten und benutzt die Topographie als wesentlichen Bestandteil für die Entwicklung seines Geschehens. Die Übersicht auf Seite 77 verdeutlicht das.

Mit diesem Arbeitsauftrag kann auch der Bogen zu dem Thema geschlagen werden, das während der häuslichen Lektüre der Novelle im Unterricht behandelt werden soll. (vgl. **A 6 – A 9**)

A 5 Mindmap

Im Anschluss an die Textlektüre sollen die Schüler Assoziationen und offene Fragen formulieren. Sie können sich auf die Personen und ihre Beweggründe, auf die Thematik, auf formale Aspekte oder auf den Autor und seine Einstellung beziehen. Auf einer Wandzeitung werden sie zu einer Art Gedanken-Landkarte, einer Mindmap, zusammengefügt. Dabei steht der Novellentitel im Mittelpunkt, die einzelnen Gedanken werden auf Linien unterschiedlicher Stärke vom Zentrum aus fortgeführt. Der Vorteil dieser Methode liegt darin, dass die relative Bedeutung der einzelnen Aspekte, Verknüpfungen und Abhängigkeiten zwischen ihnen deutlich werden. Neue Gedanken können ohne Probleme eingefügt werden. Diese Mindmap sollte während der gesamten Unterrichtseinheit bereit gehalten werden, so dass Schüler und Lehrer sich immer wieder vergewissern können, welche Fragen geklärt, welche noch offen sind. Ein Beispiel für eine Visualisierung möglicher Fragen wird im Arbeitsblatt **A 5** vorgestellt.

Sequenz III: Der zeitgeschichtliche Hintergrund des Textes

Die Zeit, die für die Lektüre der Novelle benötigt wird, kann genützt werden, um mit den Schülern die Geschichte der Stadt Danzig in den Jahren zwischen 1920 und 1939 und vor allem ihre allmähliche Faschisierung zu erarbeiten.

Didaktisch-methodischer Kommentar

Seiten	Straßen/Plätze	Bedeutung
5	Krematorium, Vereinigte Friedhöfe, Technische Hochschule	Zeitkolorit; Sportunterricht: Schlagballspiel
17 / 24 / 49 / 57 / 89 / 96 / 159	Marienkapelle auf dem Marineweg	Mahlkes Kirche; Pilenz ministriert hier
17 / 23 / 49 /73 / 75 / 119 / 121 / 131	Osterzeile	Mahlkes Elternhaus
17 / 24 / 49 / 67 /121 / und 131 / 167		BärenwegNachbarschaft von Mahlke Pilenz
17 / 81 / 105	Helene-Lange-Schule/Gudrun-Schule	Mädchengymnasium
17	Schichauwerft	Nachbarschaft
18 / 162 / 165 / 167	Neuschottland	Nachbarschaft
18 / 24 / 162	Schellmühl	Nachbarschaft
18 / 23 / 25 / 119f	Westerzeile	Pilenz' elterliches Haus
18 / 57 152	Herz-Jesu-Kirche	Neogotisches Pendant zur Marienkapelle; hier ministriert Pilenz zunächst
24 / 49 / 167	Wolfsweg	Nachbarschaft
24	Christuskirche	Orientierungspunkt Mahlkes
24 / 132 / 157	Max-Halbe-Platz	Nachbarschaft
24 / 97	Magdeburger Straße	Nachbarschaft
24 / 162	Posadowskiweg	Nachbarschaft
31 / 110	Jäschkentaler Wald	Ort für die Morgenfeiern der HJ
65 / 80 / 145 / 153 /163 stisches		Conradinum Klassisch-humanistisches Gymnasium für Jungen
108	Brunshöferweg	Endstation der Straßenbahn
108 / 155	Baumbachallee	Wohnung von Direktor Klohse
109 / 110 / 124 / 127 /	Horst-Wessel-Oberschule	Realgymnasium; hierhin wird

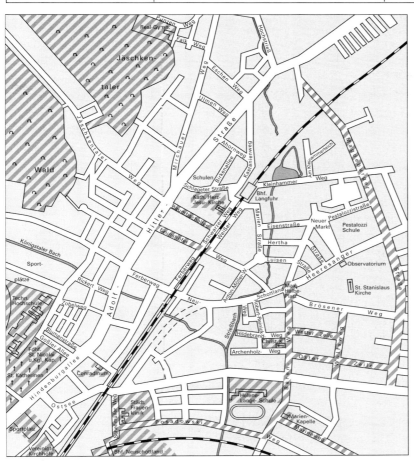

Didaktisch-methodischer Kommentar

A 6 Die Freie Stadt Danzig 1920 – 1939

Der Sachtext (**M 1**) bietet einen Überblick über die kurze Geschichte der „Freien Stadt Danzig". Die allgemeine politische Entwicklung in Danzig sollte als übergeordneter Aspekt zunächst von allen Schülern erarbeitet werden. Die folgenden Einzelbereiche können dann in themenungleicher Gruppenarbeit analysiert und anschließend präsentiert werden. Dabei wäre jeweils festzuhalten, wo sich Parallelen zur Entwicklung im Dritten Reich finden, an welchen Stellen sich aber auch Unterschiede festmachen lassen.

Die Erarbeitung müsste zeigen, wie waghalsig die Konstruktion dieses Territoriums von Anfang an ist. Die Bevölkerung, mehrheitlich politisch wie kulturell geprägt durch deutsche Traditionen, sieht die eigenen Interessen an Deutschland gebunden; die wirtschaftlichen Bindungen sind dagegen auf das polnische Umland ausgerichtet. Das politische Konstrukt macht Danzig doppelt abhängig: von den im Völkerbund herrschenden Mächten, v.a. Großbritannien und Frankreich, sowie von der politischen Entwicklung in Deutschland. Von beiden Seiten her gerät Danzig unter Druck. So schlägt sich die zunehmende Faschisierung der Weimarer Republik gegen Ende der zwanziger Jahre auch in Danzig nieder, während gleichzeitig die Völkerbundmächte eine geringe Neigung zeigen, die eigenen Befugnisse wahrzunehmen und den Rechtsradikalismus zurückzudrängen. Das nimmt der Stadt jeden demokratischen Schutz.

Die Wahlen vom Mai 1933 bringen zunächst eine Koalition aus Zentrum und NSDAP zustande, die lediglich bis zum September 1933 Bestand hat. Danach ist die NSDAP die alleinige Regierungspartei. Bei Wahlen zum Danziger Parlament im April 1935 erlangen die Nationalsozialisten schließlich mit 59,3% die absolute Mehrheit. Dieses Ergebnis kommt nur unter erheblichem Druck sowie durch Wahlfälschungen der NSDAP zustande – so werden im November 1935 10% der für sie abgegebenen Stimmen in den Landkreisen und 3% der Stimmen in Danzig und Zoppot für ungültig erklärt. Dennoch werden die Wahlergebnisse insgesamt vom Völkerbund anerkannt; allen Ungereimtheiten zum Trotz gilt die Wahl für England und Frankreich als „demokratische" Entscheidung für die nationalsozialistischen Machthaber. Die oppositionellen Parteien – im Unterschied zum Deutschen Reich werden sie in Danzig erst 1936/37 verboten – fordern den Völkerbund vergeblich dazu auf, die Wahlen zu wiederholen.

Das Desinteresse der französischen und britischen Diplomatie deutet das Ende der „Freien Stadt" bereits voraus. Für dieses Gebilde einen neuen Weltkrieg zu riskieren, erscheint den beiden Siegermächten nicht opportun. Noch ist man darum bemüht, ein friedliches Übereinkommen mit Berlin zu erzielen. Die Danziger Opposition stört da nur.

Günter Grass beschreibt diesen schrittweisen Weg seiner Geburtstadt in den Faschismus in seinem Bericht „Aus dem Tagebuch einer Schnecke" (**M 2**). Was als Umzug mit volksfesthaftem Anstrich beginnt, endet mit der realen Umsetzung der Parolen. Dem illegalen Treiben der NSDAP wird von keiner Instanz Einhalt geboten. So nimmt die Aggressivität der Nationalsozialisten zu, weil die bürgerlichen Parteien und Institutionen aus opportunistischen Gründen auf eine öffentliche Kritik und Widerstand verzichten.

Was Grass am Beispiel Danzigs als schleichende Faschisierung beschreibt, hat durchaus paradigmatischen Charakter; Parallelen zu neofaschistischen Bestrebungen in Deutschland heute bieten sich an. Damit lassen sich diese Passagen des Autors auch jenseits des Novellenkontexts aktualisieren.

A 7 Die allmähliche Faschisierung Danzigs: Schule/Hitlerjugend

Eine verzögerte Faschisierung in Danzig lässt sich auch für die beiden folgenden Themenbereichen als generelles Kennzeichen festhalten. Für das Alltagsleben der Jugendlichen in Danzig spielen sie die größte Rolle: Schule bzw. Hitlerjugend und die Kirche. Als Einstieg zeigt die monumentale Propagandatafel der Thingstätte (**M 1**) ein entlarvendes Motiv der nationalsozialistischen Jugendarbeit: Es geht tatsächlich darum, die Jugend auf den Tod vorzubereiten – auch wenn dies hier in einem quasi mythologisch-germanischen Weltbild stilisiert ist, erfüllt sich die Prophezeiung doch sehr real. Für die Durchsetzung dieser Zielsetzung ist die Geisteshaltung der Lehrer im Dritten Reich bedeutsam – darauf weist die Karikatur von Kurt Halbritter hin.

Der Auszug aus dem Organisationshandbuch der NSDAP (**M 2**) macht deutlich, dass die Partei massiv Einfluss nehmen will in den Schulen. Und tatsächlich bleiben ihre Bemühungen nicht ohne Erfolg: Im Jahre 1936 sind 97% der Lehrer im NS-Lehrerbund organisiert, davon 32% Parteigenossen. Offensichtlich kann oder will sich kaum einer den ausgeübten Pressionen entziehen.

Die Beispiele von Danziger Schulen aus den Jahren

1934/35 (**M 3**) illustrieren, wie der Einfluss der NSDAP sich konkret darstellt. Im Unterschied zum Deutschen Reich – auch darauf sollte aufmerksam gemacht werden – ist passiver und aktiver Widerstand immerhin noch möglich: 1934 ist eben nur die Hälfte der Lehrer uniformiert; jüdische Akademiker können sich noch gegen antisemitische Aufgabenstellungen (erfolglos) beschweren.

Mit Kriegsbeginn intensiviert sich die Einbindung der Hitlerjugend auch in Danzig (**M 4**). Selbst der Tod eines Mitschülers oder die Bombardierung eines Danziger Vororts führen nicht zur Desillusionierung, sondern stärken im Gegenteil noch die Begeisterung und den Stolz darauf, Teil einer Bewegung zu sein.

A 8 Die allmähliche Faschisierung Danzigs: Kirche

Das Bild des evangelischen Bischofs Müller, der Adolf Hitler begrüßt (**M 1**), ist ebenso wie das Zitat des Münchner Kardinals Faulhaber ein deutlicher Beleg für die faschismusfreundliche Haltung eines großen Teils der evangelischen wie der katholischen Kirche in Deutschland. Durch den Krieg wird diese Position nicht etwa in Frage gestellt. Aus einem überkommenen christlichen Patriotismus erscheint es vielmehr selbstverständlich, dass man gerade in dieser Zeit seine Pflicht tun müsse.

Anstelle des zeitgenössischen Fotos lässt sich auch die Karikatur von Kurt Halbritter als Einstieg in den Themenkomplex nutzen.

Allerdings zeigt die Verordnung des Gauleiters Greiser (**M 2**), dass das Verhältnis zwischen Kirche und Partei in Danzig offensichtlich problematischer ist als sonst im Reich. Mit großem Misstrauen wird die Tätigkeit kirchlicher Organisationen beobachtet und unter Pressionen gestellt. Das gilt für die Mitgliedschaft wie für den Unterricht oder die Finanzierung kirchlicher Einrichtungen.

Dafür gibt es einen guten Grund: In katholischen Kreisen Danzigs herrscht eine deutliche Distanz und Reserviertheit gegenüber der NSDAP, die v.a. von Geistlichen des Pallotiner-Ordens getragen wird. Sie halten Predigten, in denen sie die nationalsozialistische Ideologie scharf kritisieren. Daher wird 1938 auch der Pallotiner-Rektor Eugen Weber aus der Freien Stadt verwiesen. Die Geschichte der konfessionellen Jugendorganisationen in Danzig (**M 3**) veranschaulicht, wie massiv Druck auf sie ausgeübt wird und sie fast „ungewollt in eine Gegner-Rolle" gedrängt werden.

Sind diese historischen Daten zur besonderen Situation der Schule bzw. der Kirche in Danzig erarbeitet, müsste in einem nächsten Schritt versucht werden, in der Novelle Parallelen zu den realgeschichtlichen Ereignissen zu entdecken. Das ist problemlos möglich, denkt man z.B. an die Reden der Ritterkreuzträger in der Aula des Conradinums oder berücksichtigt man die ambivalente Gestaltung des Priesters Gusewski, der seinem Ministranten ein „handliches Metallkruzifix" für die Militäreinberufung aushändigt, für die Gefühlslage Mahlkes aber ein sicheres Gespür hat.

A 9 Günter Grass und Danzig

Zum Abschluss dieser Sequenz sollte an zwei Textbeispielen die Bedeutung Danzigs für das literarische Schaffen Günter Grass' herausgearbeitet werden. Das Interview mit R. Stauffer, das 1982 geführt wurde, (**M 1**) knüpft an die Thematik von A 8 an und macht zudem deutlich, wie sehr eigenes Erleben und Danziger Zeit- und Lokalkolorit in die Erzählung „Katz und Maus" eingeflossen ist.

Auch der zweite Textausschnitt (**M 2**) betont den Stellenwert der Heimat Danzig für den Schriftsteller. Grass stellt bewusst Danzig ins Zentrum seiner literarischen Arbeiten. Zum einen will er die verlorene Heimat in seinen literarischen Werken wieder heraufbeschwören. Zum anderen will er beweisen, dass die „Provinz der Geburtsort der Literatur" ist und sich in einem überschaubaren Kosmos eine ganze Welt entfalten kann: „Daß eben dieser Vorort Langfuhr so groß oder so klein ist, daß alles, was auf der Welt geschieht, auch dort geschehen kann …". Der Nachteil der Provinz, eine beschränkte Sichtweise, wird gerade durch die Nähe und Überschaubarkeit ausgeglichen; sie ermöglicht eine detaillierte Betrachtung und Bewertung der Vorgänge.

Sequenz IV: Der Große Mahlke

A 10 Annäherung an Mahlke

Als Einstieg in diese zentrale Sequenz der Textbehandlung im Unterricht wird ein kreativer Arbeitsauftrag gewählt. Die Schüler sollen versuchen, einen kurzen Text über den Protagonisten zu verfassen. Sie versetzen sich dazu in eine aktuelle Situation: 50 Jahre nach ihrem Abitur unterhalten sich die letzten überlebenden Schüler über die irritierende Art und das seltsame Verhalten des „Großen Mahlke". Vorgegeben sind für diese Aufgabe einige Textstellen, damit die Schülertexte besser vergleichbar werden.

Didaktisch-methodischer Kommentar

Die Auswertung dieser Aufgabe sollte ergeben, dass die Mitschüler über Mahlke nur sehr wenig wissen. Mahlke ist Außenseiter und Einzelgänger, eine Rolle, die ihm zunächst aufgedrängt wird – in der er sich dann jedoch gefällt und die er sorgfältig pflegt. Er hält Distanz zu seinen Mitschülern und verschließt sein Inneres. Auch dem Leser geht es ja nicht anders als den Mitschülern: Was in Mahlke vorgeht, lässt sich nur erahnen, vor allem, da auch der Erzähler selbst zugibt, das Objekt seiner Bewunderung nicht zu verstehen („Und seine Seele wurde mir nie vorgestellt." S. 37)

Der weitere Unterricht sollte daher im Folgenden versuchen, die konsequente Außenperspektive, die der Autor bei der Darstellung Mahlkes gewählt hat, durch detaillierte Textarbeit aufzubrechen und diverse Aspekte in der Persönlichkeit dieses traurigen Helden genauer herauszuarbeiten.

A 11 Der Adamsapfel – Mahlkes Stigma

Das zentrale Dingsymbol der Novelle ist der Adamsapfel: Auslöser und Antrieb zu allen Taten Mahlkes. Er bildet den Ausgangspunkt der Handlung, wird zum „Kennzeichen" (S. 92) und „Wappentier" (S. 115/146) Mahlkes, ist sowohl „Motor" wie „Bremse" (S. 104) seines Verhaltens.

Die Bedeutung des Adamsapfels sollte differenziert am Novellentext nachgewiesen werden. Ausgangspunkt der Textarbeit (**M 1**) ist die Vermutung, die Pilenz einstreut: „Schön war er nicht. Er hätte sich seinen Adamsapfel reparieren lassen sollen. Womöglich lag alles nur an dem Knorpel." (S. 37)

Mahlkes vielfältige Versuche, seinen Adamsapfel zu verbergen, sollten Ausgangspunkt für eine gründliche Arbeit am Text sein. Die Ergebnisse dieser Textarbeit werden entweder in einem vorstrukturierten Arbeitsblatt oder auf Folie festgehalten (**M 2**).

In dem Zusammenhang kann auch auf die angestrengten Versuche Mahlkes verwiesen werden, durch besondere Leistungen von seiner körperlichen Auffälligkeit abzulenken: beim Schulsport am Reck (S. 13, 88), beim Schwimmen (S. 11, 33) und Tauchen (S. 10 f., 14 f., 16, 42, 69 – 72). Dazu lassen sich auch die übersteigerte Befolgung religiöser Riten (S. 115 f., 119, 159 f.) rechnen.

Um nicht einer einseitig überzeichneten Deutung Vorschub zu leisten, sollten im Anschluss an diese Sammlung aber auch Argumente gesucht werden, die Pilenz' vorsichtige Formulierung („womöglich") rechtfertigen. Dafür könnte das problematische Verhältnis Mahlkes zu seinem Vater, der Marienkult, die Idealisierung der Heldenrolle im Krieg etc. sprechen.

Der Auszug aus dem Lexikon (**M 3**) sollte zur Vertiefung herangezogen werden. Die etymologische Herleitung des Begriffs „Adamsapfel" macht aufmerksam auf die religiöse Dimension des Begriffs: „jener fatale Knorpel" (S. 10) erweist sich als bildliche Erinnerung an den biblischen Sündenfall. Für Mahlke wird er zum Ausdruck des Verhängnisses, das seit der Vertreibung aus dem Paradies die Menschen belastet.

Der Textauszug von Ottinger (**M 4**) macht darauf aufmerksam, dass das Wachstum des Kehlkopfes eine pubertätstypische Erscheinung darstellt, die bei allen männlichen Jugendlichen auftritt. Die besonders starke Ausprägung bei Mahlke bringt der Autor in Zusammenhang mit seiner vorzeitigen sexuellen Reife, die ihn von seinen Mitschülern unterscheidet. Konflikte entstehen daher sowohl durch die körperliche Auffälligkeit wie durch die betonte Virilität, die bei den Kameraden zwiespältige Reaktionen, Neid und Ekel zugleich, auslöst (S. 78).

A 12 Das Ritterkreuz – Mahlkes Traum

Als Folie eingesetzt, machen die Abbildung des Ritterkreuzes und der dazugehörige Text (**M 1**) auf die Geschichte dieses Ordens aufmerksam. Er geht zurück ins 19. Jahrhundert: gestiftet wird er vom preussischen König Friedrich Wilhelm III. am 10. März 1813 als Tapferkeitsmedaille in den napoleonischen Befreiungskriegen. Der Entwurf stammt von dem Berliner Architekten Friedrich Schinkel. Der Orden wird mehrfach erneuert, zuletzt von Hitler 1939, der das Hakenkreuz in seiner Mitte anbringen lässt. Pilenz verweist auf diese Zusammenhänge in seiner knappen „Vorgeschichte" (S. 104). Als Zusatzinformation sollte gegeben werden, dass im II. Weltkrieg die Verleihungsberechtigung beim Führer persönlich liegt, es keine Beschränkung auf einen besonderen Dienstgrad gibt. Vom einfachen Schützen bis zum Generalfeldmarschall kann jedem Soldaten diese Auszeichnung verliehen werden. Voraussetzung ist eine besondere kampfentscheidende Tapferkeit. Im II. Weltkrieg erhalten von den ca. 18 Millionen Soldaten der Wehrmacht 7313 das Ritterkreuz. Nach dem Krieg wird das Anlegen des Ordens von den alliierten Mächten verboten, erst seit 1958 darf er, allerdings ohne das Nazi-Emblem, wieder getragen werden. (Vgl. **A 27**)

Sind diese Informationen zusammengetragen, kann die Abbildung des Ritterkreuzes mit dem Umschlagbild des Autors (vgl. **A 1, M 1**) verglichen werden. Dabei sollten die Schüler als wesentlichen Unterschied bemerken, dass auf dem Ritterkreuz weiße

Flecken zu erkennen sind, die auf einen zerkratzten Lack verweisen. Von diesem Orden wurde offensichtlich das Hakenkreuz entfernt. Die Kratzer allerdings zeigen, dass das nicht restlos geht – es bleiben sichtbare Schrammen zurück, auch wenn das Emblem selbst fehlt.

Daraus lässt sich auf die Intention des Autors schließen. Es ist wohl kaum überinterpretiert, wenn man in diesem beschädigten Orden auch ein Symbol für den Umgang der Deutschen in der Nachkriegszeit mit ihrer Vergangenheit erkennt. Lediglich an der Oberfläche beseitigt, dringt der faschistische Geist doch wieder durch – „bewältigt" ist diese Vergangenheit keineswegs.

Der Bericht der Münsterschen Zeitung vom 13.11.1941 (**M 3**) kann den Schülern verständlich machen, mit welchen Erwartungen Mahlke nach Danzig zurückkehrt: Ritterkreuzträger werden mit einer öffentlichen Jubelfeier geehrt. Auch völlig unscheinbare gewöhnliche Soldaten – „Emsdettener Jungen" – treten aus ihrer Alltäglichkeit heraus und werden von allen gefeiert und umjubelt.

Ein weiterer, für die Ritterkreuzträger nicht minder bedeutsamer Aspekt der Außenwirkung lässt sich mit der Abbildung (**M 2**) erarbeiten, die als Folie präsentiert wird. Der Orden strahlt eine besondere Form von Männlichkeit aus, die seinem Träger auch im Geschlechterkampf Vorteile verschafft. Ein Mann gewinnt deutlich an Anziehungskraft, wenn ein solcher Orden offen am Hemdkragen prangt.

Eine derartige Wirkung von Orden und Uniformen wirkt in der heutigen Gesellschaft anachronistisch, wenn nicht sogar lächerlich – zu diskutieren wäre aber mit Schülern, ob nicht in der Gegenwart andere Ehrenzeichen, Titel oder symbolische Gratifikationen die alten Ordenszeichen abgelöst haben.

Wie die kriegerischen Idealbilder entstehen, schildert der Bericht Ernst Jüngers (**M 4**). Dieser Text sollte unter einer doppelten Fragestellung analysiert werden: Ernst Jüngers Text macht deutlich, mit welchen Gefühlen die Jugendlichen in den Krieg ziehen und wodurch sie hervorgerufen wurden. Explizit zeigt er einen siegessicheren Soldaten am Vorabend der entscheidenden Schlacht; stolz und selbstbewusst fordert er „den Sieg, den klaren und vollständigen Sieg", um „unseren unerschütterlichen Glauben an ihn zu heiligen". Zweifel sind ausgeschlossen, haben die Männer doch „so viel für unsere Ideale geopfert". Sie wurden in der Familie, der Schule, Universität und Kaserne indoktriniert. Pflicht, Ehre und Ziel waren eindeutig: „der Tod für das Land und seine Größe".

Mit den Schülern lässt sich gerade an diesem Text auch die Ambivalenz erarbeiten, mit der Jünger die Gefühle der jugendlichen Soldaten schildert: Vollmundig wird „die Angst vor der großen Ungewissheit" geleugnet – implizit sprechen aus allen Zeilen die Zweifel daran, ob diese Werte noch tragen. Wenn trotzdem an ihnen festgehalten wird, so doch wohl eher deshalb, weil die Erkenntnis, von den Ideologen des Krieges missbraucht worden zu sein, das Eingeständnis bedeuten würde, den Sinn im Leben verloren zu haben.

Jüngers Text ist bei genauem Lesen mehr die Schilderung eines falschen und instrumentalisierten Heldentums als der martialische Durchhalte-Gestus, der an der Oberfläche erscheint. Auf diese Widersprüche aufmerksam zu machen, ist Aufgabe der unterrichtlichen Arbeit.

A 13 Das Minensuchboot – Rückzugsort und Todesort

Ein Brainstorming soll zunächst Assoziationen sammeln, die die Schüler mit dem untergegangenen Minensuchboot verbinden. Sie werden in unterschiedlicher Weise mit klaustrophobischen Gefühlen verbunden sein: Angst, Enge, Gefahr … Diese Begriffe machen auf mehrere Aspekte aufmerksam, die mit dem Handlungsort der Novelle zu tun haben: den Raummangel, den komplexen Bootsaufbau und schließlich die Funkerkabine, die Mahlke entdeckt und als „Marienkapellchen" einrichtet. Keiner seiner Klassenkameraden – von Tulla abgesehen (S. 42 f.) – wagt sich über das Vorschiff hinaus in das Innere des Bootes, unzugänglich bleibt das Labyrinth für alle, wie Pilenz' vergeblicher Versuch zeigt (S. 70 f.). Der unterschiedliche Stellenwert, den das Boot für Mahlke im Verlauf der Handlung einnimmt, wird mit Hilfe eines Tafelbildes veranschaulicht (**M 1**). Die Schüler sollen die zentralen Begriffe selbst finden und dann mit Beispielen füllen. Sichtbar wird dabei eine Entwicklung, die in die Abkapselung führt. Ist das Boot zunächst der Ort, an dem Mahlke den Klassenkameraden imponieren und „Eindruck machen" will, wird es später zu einer Möglichkeit, sich von den anderen abzusondern und schließlich zum Ort der endgültigen Isolation, seines Todes.

A 14 Religiosität und Sexualität

Als Bildimpuls führt eine Abbildung von Raffaels „Sixtinischer Madonna" in diesen Themenkomplex ein. Das Gemälde aus dem Jahr 1512/13, das heute

Didaktisch-methodischer Kommentar

in der Gemäldegalerie der Staatlichen Kunstsammlungen Dresden hängt, gilt als eine der vollkommensten Darstellungen der Madonna, als Verkörperung einer göttlichen Vision in einer durchaus menschlichen Gestalt. Es zeigt die lebensgroße Gestalt der Mutter Maria in reiner Vorderansicht. Bekleidet mit einem blauen Mantel über rotem Untergewand trägt sie auf dem rechten Arm das Jesuskind. Es wird von einer Kreisform eingeschlossen, die ihr linker Arm und das bräunliche Kopftuch bilden. Ihr Körper ist von einer Lichtgloriole umgeben. Links zu ihren Füßen kniet Papst Sixtus II., der Titelheilige der Benediktinerkirche in Piacenza. Mit seiner ausgestreckten rechten Hand vermittelt er zwischen den Gläubigen in der Kirche und der Madonna. Rechts kniet die heilige Barbara, deren Reliquien sich in der Klosterkirche befinden. Die beiden Engelköpfe am Boden lenken den Blick des Betrachters nach oben.

Zunächst sollen die Schüler Textstellen finden, die in „Katz und Maus" auf die „Sixtinische Madonna" verweisen. Dabei dürfte deutlich werden, welchen zentralen Platz das Bild für Mahlke einnimmt. In seinem Zimmer hängt der „ungerahmte Öldruck" zwischen hochdekorierten Jagdfliegern und Panzergenerälen (S. 25). Mahlke transportiert die Reproduktion später sorgfältig abgedichtet in die Funkerkabine des Minensuchbootes, die er als privaten Altarraum einrichtet („wußte ich, für wen er sich so anstrengte, für wen er die Kabine wohnlich einrichtete", S. 74).

Ein zweiter, verbaler Impuls zielt auf die besondere Rolle, die die Jungfrau im Leben Joachim Mahlkes spielt. Pilenz bringt Mahlkes verworrene Religiosität auf den Punkt, wenn er schreibt: „Eigentlich (…) gab es für Mahlke, wenn schon Frau, nur die katholische Jungfrau Maria" (S. 43) Mahlkes Marienverehrung atmet einen sehr körperlichen Geist; sein Fanatismus erinnert an einen heidnischen Götzenkult, wie Pastor Gusewski argwöhnisch bemerkt (S. 117). Sexuelle Gefühle sind für ihn eng auf die Madonna bezogen. Deutlich kommt das zum Ausdruck, wenn er beim Gebet in der Kirche der Jungfrau auf den Bauch starrt (S. 119).

Von kirchlicher Seite wird der Stellenwert der Jungfrau Maria für die männliche Jugend naturgemäß ganz anders gesehen. Mit Hilfe des Artikels aus dem katholischen Kirchenblatt „Marienverehrung und der Jungmann" (M 2) kann erarbeitet werden, welche Bedeutung dem Marienideal für die pubertierenden Jugendlichen beigemessen wird. Es soll von sexuellen Bedürfnissen ablenken: „starke Keuschheit" ist das Ziel, „wahre Ritterlichkeit" die Tradition, die Mutter Gottes der „Panzer", der vor dem Durchbruch der Sexualität schützen soll. Wilhelm Reich zitiert diesen Text in seinem Werk „Massenpsychologie des Faschismus" als gelungenes Beispiel für die Verwandlung sexueller in religiöse Gefühle. Ist die Intention des Textes erarbeitet, ließe er sich gegen den Strich – auch der Interpretation Reichs – bürsten. Deutlich wird dann die enorme Energie, die der Lustverzicht beansprucht. Die süßliche Idealisierung der Mutter Gottes lässt sie eben auch zu einem Ziel der sexuellen Bedürfnisse werden. Die Madonnengestalt ist damit gerade nicht vor „frivolem, niedrigen Raubrittertum" gefeit.

Das knappe XI. Kapitel (S. 136–144) dient als Textgrundlage, um das Ineinandergreifen von sexuellen und religiösen Bedürfnissen Mahlkes zu analysieren. Während er in der Tucheler Heide seinen Arbeitsdienst ableistet, hat Mahlke sich auf ein Verhältnis mit der Frau seines Vorgesetzten eingelassen. Das Zusammenspiel von Sexualität und Mariengläubigkeit belegt das in die Latrinenwand gekerbte „Stabat Mater dolorosa." (S. 138). Die Beschwörung der „Mater dolorosa" an einem Ort „wo man hinschiß", ist offensichtlich ein letzter Versuch Mahlkes, seiner Rachegefühle und seiner „schmutzigen" Lust, mit dieser Frau zu schlafen, Herr zu werden. Dies entspricht auch seiner Absicht, asketisch zu leben und der Jungfrau Maria wegen nicht zu heiraten (S. 157). Deshalb schnitzt er über dieser Zeile den eigenen Namen ein und offenbart sich damit. Der Wunsch nach einem mustergültigen Leben hält ihn jedoch offensichtlich nicht von einem ehebrecherischen Verhältnis ab. Im Gegenteil: er funktionalisiert das Verhältnis in einem Machtkampf mit dem Oberfeldmeister.

Für Mahlke besitzt die Mutter Gottes noch eine weitere Bedeutung: Wie in einem magischen Kult dient sie ihm als Talisman gegenüber feindlichem Beschuss (S. 147).

A 15 Musik

Ein weiteres wichtiges Puzzleteilchen, das einen entscheidenden Beitrag zu Mahlkes Charakterbild liefert, sind seine musikalischen Vorlieben. Mahlke mag Musik, die stark emotional gefärbt ist – Opern, geistliche Musik und vor allem auch Zarah Leander. Die schwedische Schauspielerin Zarah Leander (M 1) ist der Topstar des deutschen Films im III. Reich. Als offiziell erlaubte laszive Verführerin tritt sie in dem zwielichtigen Milieu der Nachtclubs, Cabarets oder Revuebühnen auf; stellvertretend für die

Didaktisch-methodischer Kommentar

Abgründe und Sehnsüchte der eigenen Seele lebt sie auf der Leinwand die großen Leidenschaften aus, vor denen sich die deutschen Kleinbürger mit wohligem Schauer fürchten und die sie doch fasziniert genießen können.

Mit ihrer tiefen, rauchigen „Unterwasserstimme" (S. 77) und ihren sentimentalen Liedern fasziniert sie Mahlke und seine Mitschüler und rührt sie fast zu Tränen. Beim Abspielen dieser Lieder können sich die Jugendlichen Gefühlen und Empfindungen hingeben, die sonst streng verpönt sind. Zarah konnte „orgeln und Elemente beschwören, servierte alle nur erdenklichen weichen Stunden" (S. 78). Lässt man sich auf dieses Thema im Unterricht ein, sollte unbedingt eins ihrer Lieder auf einer der zahlreichen verfügbaren CDs vorgespielt werden.

Helma Sanders-Brahms macht in ihrem Text auf einen weiteren Aspekt aufmerksam, der zur Faszination dieser Schauspielerin beiträgt: Ihr Vorname „Zarah" verweist auf den jüdischen Namen Sara, den alle Jüdinnen im III. Reich seit der „Zweiten Verordnung zur Durchführung des Gesetzes über die Änderung von Familiennamen und Vornamen" 1938 annehmen müssen. Dem bürokratischen Diskriminierungsakt steht der Erfolg dieser *femme fatale* entgegen, die zwischen 1937/38 und 1943 zur unangefochtenen Diva der Hitlerjahre wird. Sie widerspricht allen Klischees, die offiziell propagiert werden. Weder ihr Aussehen noch die von ihr verkörperten Figuren, nicht einmal ihr Name ordnet sich den Normen unter – gerade darin besteht wohl ihr außergewöhnlicher Erfolg – mit den Worten Wolf Biermanns: „Was verboten ist, das macht uns gerade scharf".

A 16 Der Vater-Sohn-Konflikt

Ausgehend von den Textzitaten sollen die Schüler versuchen, das Verhältnis Mahlkes zu seinem Vater in Form eines Inneren Monologs zu beschreiben. Dafür bietet sich eine Ausnahmesituation an: Kurz vor seinem Abtauchen ins U-Boot, nachdem Pilenz ihn verlassen hat (S. 168). Der Protagonist befindet sich offensichtlich am Rande eines Nervenzusammenbruchs, physisch von seinen Bauchschmerzen geplagt und psychisch durch die ausweglose Situation, in die er sich hineinmanövriert hat. Vorstellbar ist, dass es für ihn in dieser Lage notwendig wird, sich über die bislang stets verdrängte Beziehung zum Vater klar zu werden.

Deutlich sollte dabei das ambivalente Verhältnis des Sohnes dem Vater gegenüber werden: Joachim Mahlke formuliert explizit Hochachtung gegenüber der Leistung seines Vaters, die durch eine öffentliche Ehrung augenfällig geworden ist. Für andere „das Schlimmste verhüten" bedeutet aber zugleich für den achtjährigen Jungen, dass ihm „das Schlimmste" zugefügt wurde – auch das schwingt implizit in dieser Aussage mit. Joachim wächst allein unter Frauen auf, wird zum verwöhnten Muttersöhnchen, das sich mit Taschengeld und Attesten über Wasser hält (S. 8/12). Er hat stets Angst, als Versager zu gelten (S. 8 – 11) oder Außenseiter zu sein (S. 45 f.). Der Wunsch, selbst Objekt der Verehrung zu werden, indem er die Leistung des Vaters womöglich überbietet, macht auf den Neid aufmerksam, der noch posthum das Verhältnis zu ihm bestimmt. Seine Außenseiterposition und die Sehnsucht nach Heldentum treiben ihn dazu, ein militärisches Ideal anzustreben. Der selbstlosen Tat des Vaters setzt er allerdings die Abschusszahlen des Panzerkommandanten entgegen: Heldentum im Nationalsozialismus ist der ideologisch verbrämte Mord.

Wie problematisch die Vater-Sohn-Beziehung ist, zeigt Mahlkes Monolog, in dem er seine Abschusserfolge beschreibt. Nicht umsonst hält er seine Waffe zwischen „meinen Vater und den Heizer Labuda" (S. 170). Die symbolische Vernichtung des Vaters macht deutlich, dass hier ein grundlegender Motivstrang für Mahlkes Verhaltensweisen zu finden ist.

A 17 „Katz und Maus" – die Geschichte eines Scheiterns?

Mahlke scheitert mit allen Anstrengungen, seinen entscheidenden Triumph mit einer Rede vor den Mitschülern zu erleben. Danach bricht er zusammen. Sein Rückzug in das Innere des gesunkenen Schiffs ist gleichbedeutend mit der endgültigen Isolation von seiner Umwelt. Mit seinem Verschwinden in dieses Vakuum setzt die von Pilenz so deutlich empfundene fürchterliche Stille ein (S. 176). In der Nacht zuvor verbündet er sich mit Tulla, jener Person, die in besonderer Weise mit dem Tod assoziiert ist (S. 42). Sein Abtauchen in die wasserdichte, lichtlose Funkerkabine wird wie eine Umkehr des Geburtsvorgangs geschildert. Diese Interpretation des Novellenendes kann mit einem Textauszug von Mircea Eliades (**M 3**) untermauert werden. Er beschreibt Initiationsrituale traditionsgebundener Gesellschaften, die in mehr oder weniger erkennbarer Form einen rituellen Tod, dem eine Auferstehung oder eine Wiedergeburt folgt, enthalten. Ihr zentrales Moment stellt eine Zeremonie dar, die den Tod des Kandida-

Didaktisch-methodischer Kommentar

ten und seine Rückkehr zu den Lebenden symbolisiert. Dabei kommt ein neuer Mensch ins Leben zurück, der eine andere Seinsweise auf sich genommen hat. Der Initiationstod bedeutet für den Probanden damit zugleich das Ende der Kindheit, der Unwissenheit, der Verantwortungslosigkeit. Eliade geht in diesem Auszug auf einen bestimmten Initiationstyp, den „regressus ad uterum" ein: die Rückkehr in den Mutterschoß wird zum Ausdruck der totalen Vernichtung, eines rituellen Todes, der für den Anfang des geistigen Lebens unerlässlich ist. Die Bilder und Symbole hängen eng mit der Entwicklung des Embryos zusammen, deuten sie doch bereits darauf hin, dass ein neues Leben sich vorzubereiten beginnt.

Wenn Mahlke allerdings aus dem Boot nicht wieder auftaucht, seine Isolation absolut wird, zeigt das auch, dass seine Entwicklung endgültig gescheitert ist, er ein erwachsenes Bewusstsein nicht erreicht – der Tod im Minensuchboot verdeutlicht damit das notwendige Scheitern seines Versuchs, mit Hilfe eines Vernichtungsfeldzugs in die Privilegien der Erwachsenenwelt einzutreten.

Bevor jedoch diese sehr komplexe Problematik erarbeitet wird, sollte noch einmal in einer Tabelle zusammengefasst werden, was die bisherige Arbeit über die Person Mahlke ergeben hat (M 1). In einem anschließenden Schritt sollte „Katz und Maus" in die Tradition der Initiationsgeschichten eingereiht werden, eines Typus, der in der angelsächsischen Literatur häufig verwendet wird. Er bezeichnet den Prozess des Heranwachsens vom Kind zum Erwachsenen, zu dessen festen Bestandteilen das Bekanntwerden mit der Sexualität, die Einführung in geltende gesellschaftliche Normen gehört. Die Initiationsgeschichte ist dabei auf ein bestimmtes Ereignis angelegt, das schockartig über den Jugendlichen hereinbricht, ihn in einer schmerzhaften und desillusionierenden Weise mit dem Grauenhaften und Schmutzigen in der Welt konfrontiert. Gewöhnlich enden diese Geschichten damit, dass in einem Prozess der Selbstfindung die Krise überwunden wird und der Jugendliche nun gereift in einen neuen Lebensabschnitt, dem Erwachsensein, eintritt. Neben dem Initianden steht fast immer ein Initiationshelfer, der ihn auf dem Weg zur Selbstfindung begleitet. Einführung und Charakterisierung des Begriffs „Initiationsgeschichte" kann mit Hilfe der Strukturskizze (M 2) erfolgen.

Die Schüler sollen die Charakteristika der Initiationsgeschichte auf „Katz und Maus" übertragen und die Rollen der beteiligten Personen (Tulla, Pilenz) erkennen. Die Frage nach dem Initiationsergebnis

muss negativ beantwortet werden: Mahlkes Initiationsgeschichte ist keine Erfolgsgeschichte – der Eintritt ins Erwachsenenleben ist missglückt.

Sequenz V: Mahlkes Gegenpol – Heini Pilenz

A 18 Heini Pilenz – die unbekannte Größe

Nachdem die vorangegangenen Arbeitsblätter sich der Person des „Großen Mahlkes" zu nähern suchten, steht nun der Erzähler und seine problematische Beziehung zu Mahlke im Vordergrund.

Zunächst sollen die Schüler die wenigen biographischen Daten zu einer Art tabellarischen Lebenslauf zusammenstellen (M 1). Den Schülern werden lediglich die Seitenzahlen vorgegeben; die kursiv gedruckten Stationen in seinem Leben müssen von ihnen selbst gefunden werden.

Diese Aufstellung erlaubt eine erste Charakteristik des Erzählers: Deutlich wird zunächst seine Neigung, sich selbst zurückzunehmen und im Schatten Mahlkes zu verschwinden („doch soll nicht von mir die Rede sein, sondern von Mahlke oder von Mahlke und mir, aber immer im Hinblick auf Mahlke", S. 25). Selbst seinen Vornamen verschweigt er (S. 102) – er wird erst im Folgeroman „Hundejahre" genannt: Pilenz heißt „Heini", kein Wunder, dass er darauf keinen besonderen Wert legt. Als wichtige Aspekte seiner jugendlichen Bindung an Mahlke dürfte die Bewunderung des Außenseiters, gekoppelt mit einer homoerotischen Faszination, die stets an Mahlke geknüpfte problematische kirchliche Orientierung, die Traumatisierung des Erzählers durch Mahlkes Verschwinden und letztlich die eigene Vaterlosigkeit deutlich werden.

Aber auch nach Mahlkes Verschwinden ist Pilenz' Bindung zu ihm nicht gelöst, quält ihn die Erinnerung an den Jugendfreund, an dessen Verschwinden ihn entscheidende Schuld trifft. Heute noch lässt ihn die Erinnerung an die unterlassene Hilfeleistung nicht los.

Von prägendem Einfluss auf Pilenz' Leben ist die verkorkste Beziehung zu seinem Vater. Wie Mahlke wächst auch er ohne Vater auf. Kann der Freund aber auf ein heldenhaftes Vorbild verweisen, der sein Leben geopfert hat, um das anderer Menschen zu retten und dafür auch öffentlich geehrt wurde, bleibt Pilenz ohne diesen Trost. Sein Vater ist wie viele andere auch an der Front, präsent allenfalls durch Feldpostbriefe. Für Pilenz wird die Situation überdies peinlich, weil seine Mutter in der Abwesenheit des Vaters intime Verhältnisse mit diversen „Militärdienstgraden" (S. 123) eingeht. Das gilt während des Krieges als eine Form der „Wehrkraftzersetzung", die zu bestrafen ist (vgl. dazu auch **A 20, M 2**).

A 19 Die Beziehung Pilenz – Mahlke

Mit Hilfe der Materialien dieses Arbeitsblattes wird versucht, die sehr einseitige, und vor allem auf Seiten Pilenz' durchaus ambivalente Beziehung zu Mahlke, zu analysieren. Als Impuls soll zunächst die Abbildung (**M 1**) eingesetzt werden. Sie spielt auf die homoerotische Freundschaft zweier junger Männer an. Am Text wäre nun zu überprüfen, ob diese Form der Beziehung den Charakter der Freundschaft zwischen Erzähler und Protagonist tatsächlich trifft. Zunächst fällt der geradezu hündische Eifer auf, mit dem Pilenz sich an Mahlke heftet: als Ministrant (S. 19/31/58 f./115), als Kumpel von gegenüber (S. 23–25/49/118 ff.), als Schulfreund (S.31/33/46/60ff.), in der Freizeit (S. 30/41/43/56/70 ff./78/99 ff.). Stets wird der Wunsch spürbar, sich an ihn zu binden, seine Freundschaft zu erlangen „wenn man mit Mahlke befreundet sein konnte" (S. 102). Einen besonderen Anziehungsreiz bedeutet für Pilenz die sexuelle Potenz, die Mahlke ausstrahlt: Sein Penis erscheint ihm „viel erwachsener gefährlicher anbetungswürdiger" als der der Gleichaltrigen (S. 41); bemerkenswert in seiner Größe, auf die Pilenz später noch einmal im Verhältnis zum Ritterkreuz hinweist (S. 105).

Mehrfach macht er darauf aufmerksam, dass „mit Mädchen nicht viel bei ihm los" war (S. 37/43). Nur sehr vorsichtig tippt Pilenz Mahlkes Interesse für Jungen an. Wenn Pilenz seinen Hinweis sofort zurücknimmt – „womit ich nicht sagen will, daß Mahlke verkehrt herum war" – drückt das wohl aus, dass er sich an ein Tabuthema wagt, das nicht nur im III. Reich sanktioniert ist. Deutlich wird an dieser Stelle auch, dass es gerade nicht Mahlke ist, der gleichgeschlechtliche Neigungen hat, sondern der Erzähler selbst. Mit Mädchen hat Pilenz wenig im Sinn; über vage Vorstellungen, „irgend etwas Dolles" anstellen zu wollen (S. 50) gehen seine Gedanken nicht hinaus. Ein Versuch, erste sexuelle Erfahrungen mit Tulla zu sammeln, erscheint ihm wie eine Abiturprüfung: Teil des Ausbildungskonzepts, das von jungen Männern verlangt wird. Die anderen Luftwaffenhelfer wälzen sich „in den Stranddisteln der Dünen" (S. 130) – Pilenz geht leer aus.

Hochwürden Gusewskis Griff unters Hemd (S. 114) erscheint ihm wesentlich irritierender als die scheiternden Versuche, beim anderen Geschlecht anzukommen. Pilenz deutet die erotische Geste in eine hilfreich-seelische Handreichung um, und kann sie so aus der verbotenen päderastischen Zone befreien. Auch in seinem erwachsenen Leben spielen Frauen keine Rolle – allenfalls mit Pater Alban hat er näheren Kontakt.

Der Text aus dem arabischen Kulturkreis von Kahlil Gibran (**M 2**) umkreist das Thema Freundschaft in Form zahlloser Bilder. An ihm lässt sich deutlich machen, welche Qualitäten eine Freundschaft besitzen sollte, um diese Bezeichnung zu Recht zu tragen. Versucht man, diese Kriterien auf die Beziehung zwischen Pilenz und Mahlke zu übertragen, fällt auf, dass sie in allen Einzelheiten den Vorgaben widerspricht. Zwar berichtet der Erzähler von den vergeblichen Versuchen, die Freundschaft Mahlkes zu erwerben, er lässt jedoch selbst keine Gelegenheit aus, ihm zu schaden. Die hemmungslose Bewunderung ist von Beginn an begleitet von einem fast sadistischen Vernichtungswillen. Pilenz legt ihn immer dann an den Tag, wenn Mahlke selbst Schwächen zeigt. Offenbar erträgt er es nicht, wenn derjenige, dessen Ausnahme-Existenz ihm aus der eigenen Ich-Schwäche helfen soll, sich selbst labil zeigt.

Der Gegensatz von Katz und Maus prägt das Verhältnis von Pilenz zu Mahlke von Anfang an. In der Eröffnungsszene setzt Pilenz Mahlke die Katze an den Adamsapfel und lässt ihn so zur „Maus" werden. In der weiteren Handlung wird dieses Verhältnis von Täter und Opfer, von Verfolger und Verfolgten zu einer Standardsituation. Mahlke wird immer dann zum Opfer, wenn er mit seinen Bemühungen um Bewunderung oder zumindest Akzeptanz gescheitert ist. Definitiv ist das der Fall, nachdem er daran gehindert wird, seinen Triumph, die Rede in der Aula des Conradinums, zu feiern.

Ihren Höhepunkt findet die Beziehung Pilenz – Mahlke in der Schlusssequenz des Textes (S. 156–179) – von der Abrechnung mit Oberstudienrat Klohse bis zum Verschwinden im Minensuchboot. In dieser Schlusssequenz verrät Pilenz den angeblichen Freund endgültig. Als der mit seinen Konserven zum Minensuchboot abtaucht, sorgt Pilenz dafür, dass der rettende Büchsenöffner nicht mitgenommen wird: „Da nahm ich den Fuß vom Büchsenöffner. Ich und der Büchsenöffner blieben zurück." (S. 175)

Diese Schlusssequenz der Novelle ist nicht zufällig mit konkreten Angaben zu Wochentagen verknüpft: Sie findet zwischen einem Donnerstag und einem Sonnabendvormittag statt. Bereits aus diesen Anga-

Didaktisch-methodischer Kommentar

ben lassen sich Anspielungen auf das Passionsgeschehen im Neuen Testament erkennen (**M 3**). Dem bibelkundigen Kolpinghaussekretär Pilenz dürfte die Korrespondenz klar vor Augen gestanden sein, weist er sich mit seinem Bericht doch selbst die Rolle des tragischen Verleugners bzw. des Verräters zu.

In einer Suchaufgabe (**M 4**) sollen die Schüler zunächst Entsprechungen zwischen dem Novellentext (S. 156–179) und dem Markus-Evangelium entdecken. Die Parallelen zwischen der Christus-Figur und seinem Jünger sind offensichtlich: die Abrechnung Mahlkes mit Direktor Klohse findet in einer Donnerstagnacht statt (14.1: „Und nach zwei Tagen war Ostern"); der Besuch der katholischen Messe an einem Freitagmorgen (14.12: „Und am ersten Tage der süßen Brote, da man das Osterlamm opferte ..."); Mahlke ist schweißnass und verängstigt (14.33: „Und er nahm zu sich Petrus und Jakobus und Johannes und fing an, zu zittern und zu zagen."); Pilenz verweigert ihm mehrfach die Hilfe (14.70: „Und er leugnete abermals") – hervorgehoben durch die Verwendung des Wortes „abermals" (S. 162).

Auch der entscheidende Unterschied zwischen beiden Texten müsste herausgearbeitet werden. Nach seinem Abtauchen bleibt Mahlke endgültig verschwunden – es folgt kein Auferstehungssonntag. Allerdings kann Pilenz den Verrat am angeblichen Freund nie mehr verdrängen. Sein ganzes späteres Leben werden ihn die Gedanken an die Schuld verfolgen, die er auf sich geladen hat. Die Erinnerungen treiben ihn in immer neue Schuldbewältigungsversuche – nichts anderes stellt die Niederschrift von „Katz und Maus" schließlich dar. Damit verkehren sich die Positionen zwischen Verfolger und Verfolgtem, Täter und Opfer, Katz und Maus.

Will man die Unterrichtseinheit mit einer Klausur beschließen, bietet es sich an, den Schülern als Textausschnitt S. 174 „Immer wieder bohre ich mir ..." bis S. 176 „traf ihn aber nicht" vorzulegen mit folgenden Aufgabenstellungen:

1. Skizzieren Sie die zum Verständnis dieser Szene wesentlichen Voraussetzungen: In welcher Weise ist Pilenz am Verschwinden Mahlkes beteiligt?
2. Mit welchen erzählerischen Mitteln gestaltet der Erzähler die Betroffenheit von Pilenz?
3. Beschreiben Sie, ausgehend von dieser Szene, welches Bild der Leser von dem Verhältnis von Pilenz zu Mahlke in der Novelle insgesamt erhält.
4. Schreiben Sie in einem Inneren Monolog die Gedanken auf, die Pilenz durch den Kopf gehen, während er am Sonnabendvormittag auf den Strandwalddünen von Brösen nach Mahlke Ausschau hält, die er in seinem Bericht über Mahlkes Verschwinden aber verschweigt.

Mit dieser Aufgabe lässt sich das Textverständnis der Schüler und vor allem ihr Verständnis der komplexen Beziehung der beiden Protagonisten hervorragend abprüfen.

A 20 Kriegsalltag im Dritten Reich

Das Arbeitsblatt bietet zwei Originalmaterialien aus dem III. Reich, die dazu beitragen sollen, dass Verhaltensweisen von Textfiguren im Kontext des Alltags im III. Reiches noch einmal in neuem, differenzierten Lichte erscheinen.

Pilenz' halbherzige Hilfsversuche nach Mahlkes Desertion und sein letztendlicher Verrat Mahlkes sollten unbedingt auch vor dem Hintergrund des Umgangs mit dem Problem Desertion gesehen werden. Im letzten Kriegsjahr, dem Jahr, in dem die Novelle endet, ist das Risiko groß, wegen „Beihilfe zur Fahnenflucht" standrechtlich erschossen zu werden, wie der Zeitungsartikel (**M 1**) beweist. Je deutlicher die Niederlage der Nationalsozialisten sich abzeichnet, desto brutaler werden alle Versuche bestraft, sich diesem Schicksal zu entziehen. Betroffen davon sind, das macht dieser Text (**M 1**) deutlich, alle Schichten und Berufsgruppen.

Pilenz' Weigerung, Mahlke bei seiner Flucht zu helfen, ist nicht nur in seinem Ekel vor dem Schwächling begründet, als der sich der Bewunderte am Ende zeigt. Sie ist auch nicht nur in Analogie zur Passionsgeschichte zu verstehen – Anspielungen auf den biblischen Text bilden lediglich eine metaphorische Ebene dieses Geschehens; eingebunden ist es in die reale historische Situation, die eine andere Verhaltensweise kaum zulässt.

Wie schwer das Verhalten von Pilenz' Mutter, die ihren abwesenden Mann betrügt, zu Kriegszeiten wiegt, zeigt der Zeitungsartikel aus der Westfälischen Tageszeitung von 1942 (**M 2**). Mit allen juristischen Finessen wird nach Möglichkeiten gesucht, „pflichtvergessene Frauen" und „gewissenlose Elemente" abzustrafen, geht es doch um „die Herabwürdigung der Ehre des hintergangenen Mannes (...), besonders wenn dieser sich an der Front befindet". Die Kampfkraft der Soldaten würde geschwächt, könnten sie sich nicht sicher sein, dass ihre Frauen während der Abwesenheit treu blieben. Um das zu verhindern, sind offensichtlich Sanktionen und abschreckende Zeitungsberichte notwendig. Die Situation in der Familie von Heini Pilenz ist, wie sich hier zeigt, wohl nicht selten. Wie deprimierend sie

Didaktisch-methodischer Kommentar

für den Heranwachsenden ist, lässt seine geringe Neigung erkennen, nach dem Ende des Arbeitsdienstes in die Wohnung zurückzukehren (S. 145).

Sequenz VI: Die weiblichen Nebenfiguren

A 21 Mahlkes Mutter und Tante

Die beiden Frauenfiguren, die zu Joachim Mahlkes Sphäre gehören, sollen die Schüler mit einer produktionsorientierten Schreibaufgabe erschließen. Die angegebenen Textpassagen (M 1) lassen allerdings nicht unbedingt ein „rundes" Bild entstehen, so dass die Fantasie häufig ergänzend mithelfen muss, um weitere Informationen zu erfinden. Die Ergebnisse sollen in der Ich-Form als „Autobiographie" geschrieben werden, damit eine möglichst weitgehende Identifikation der Schüler mit ihrer Rolle entstehen kann und sie sich voll in die Lebenssituation und die innere Welt der Frauen hineinversetzen.

Als Beispiel, wie eine solche Rollenbiographie aussehen könnte, ist ein möglicher Text für Mahlkes Tante vorgegeben (M 2).

A 22 Das Mädchen Tulla

Mit Hilfe der angegebenen Textpassagen (M 1) sollen die Schüler zunächst versuchen, ein Charakterbild von Tulla zu entwerfen und ihr Verhältnis zu Pilenz und Mahlke zu klären.

Dabei wird die Faszination im Vordergrund stehen, die dieses Mädchen auf die Danziger Jungen ausübt. Sie ist das einzige Mädchen in ihrer Clique und hält das Jungmännerpotenzgehabe an Bord des alten Bootes in Gang. Dem Erzähler erscheint sie „patenter (...) als andere Mädchen ihres Alters" (S. 42), als Wesen, das allen „als Splitter im Fleisch" saß (S. 100) und „ziemlich jeden ranließ" (S. 131), ein Verhältnis mit Hotten Sonntag ebenso wie mit Störtebeker eingeht – sich aber nichts aus Pilenz macht, obwohl er sich doch vorstellen könnte, gerade mit ihr seine ersten Erfahrungen zu machen. Wenn Mahlke am Schluss angibt, mit Tulla die Nacht verbracht zu haben, muss das den Erzähler daher besonders irritieren. Rivalität und Eifersucht prägen das Verhältnis zu Mahlke bereits zuvor. Diese Gefühle werden noch ausgeprägter, wenn nun Tulla auch noch eine Verbindung mit Mahlke eingeht, der sich sonst nur für die Jungfrau Maria interessiert. Ob Mahlke tatsächlich bei ihr war, bleibt offen: Mahlkes Behauptung und Pilenz' Zweifel stehen am Ende unauflösbar nebeneinander.

Dabei ist Tulla äußerlich alles andere als attraktiv, „ein Spirkel mit Strichbeinen", der „genausogut ein Junge" hätte sein können (S. 38). Auch ihre sexuelle Verfügbarkeit scheint die pubertierenden Jugendlichen nicht sonderlich zu reizen (S. 43) – es ist vielmehr ihr Geruch, der irritiert und fasziniert: sie „stank nach Tischlerleim" (S. 38), mit diesem „unauflösliche(n) Tischlerleimgeruch" „verseucht" sie die Jungen (S. 111). Die Ursache des Gestanks wird in „Katz und Maus" nicht gelüftet, wohl aber im folgenden Roman „Hundejahre" (M 2). Hier tritt Tulla als tragende Figur erneut auf, hier wird auch deutlich: das „Tischlerleimmädchen" bezieht ihre betörende Wirkung vom „Knochenleim" des Vaters. Damit wird Tulla in den Bereich des Todes, des Bedrohlich-Dämonischen gerückt.

Tullas Anziehungskraft wird vom Autor noch mit einem weiteren Motivkomplex begründet. Wenn Pilenz feststellt „Eigentlich hätte sie Schwimmhäute zwischen den Zehen haben müssen, so leicht lag sie im Wasser" (S. 38), assoziiert der Leser unwillkürlich Undinen und andere Wassergeister. Aber erst in den „Hundejahren" wird ihre Zugehörigkeit zum Reich der Wassergeister ausdrücklich festgehalten – ihr Name verweise auf den „koschnäwjer Wassergeist Thula".

Abschließend sollte es darum gehen, die Bedeutung Tullas für Joachim Mahlkes Schicksal zu beschreiben. Zunächst scheint er wenig von ihr zu halten, lässt sich aber immerhin durch ihre Provokation zur Beteiligung an der Onanie-Olympiade hinreißen. Anschließend allerdings ertränkt er sie beinahe, wenn er „wohl aus erzieherischen Gründen (...) viel zu lange" mit ihr taucht (S. 42). Erst in der Schlussphase des Novellengeschehens spielt sie in seinem Leben eine entscheidende Rolle. Tatsächlich wird ihre Liebe für Mahlke todbringend: Die Begegnung mit ihr nennt er als Grund für seine Desertion (S. 161). Tulla – der Wassergeist, der den Ahnungslosen mit erotischen Versprechungen in die Tiefe und ins Verderben lockt.

Tulla gehört zur großen Familie der *femmes fatales*, die Männer in ihren Bann ziehen, nur um sie anschließend der Vernichtung preiszugeben. Damit entspricht sie dem Rollenbild, das Zarah Leander in ihren Filmen verkörpert. Nicht umsonst sind die Jungen auf dem Boot von der Stimme der Leander mit ihren unterschwelligen erotischen Lockungen so fasziniert (vgl. dazu A 15).

87

Didaktisch-methodischer Kommentar

Sequenz VII: Erzählweise

A 23 Analyse der Erzählperspektive

In dieser Unterrichtssequenz soll ein Thema aufgegriffen werden, das zu Beginn der Textlektüre (**A 3**) bereits anvisiert wurde: die vielfältig geschachtelte Position des Erzählers. Pilenz nimmt in dieser Erzählung mehrere Funktionen ein: Er ist – sowohl als erlebender wie auch als erinnernder Ich-Erzähler – am Geschehen beteiligt, ist aber gleichzeitig auch der Chronist der Jugenderlebnisse, die er wie ein Außenstehender kommentiert und bewertet. Bereits im ersten Abschnitt mögen übrigens dem aufmerksamen Leser Zweifel kommen an der Zuverlässigkeit seiner Erinnerungen. Der Erzähler lässt bewusst offen, wie sich das mit der Katze und Mahlkes Adamsapfel verhält (S. 6), und der Leser fängt an, darüber nachzudenken, ob ihm wohl immer richtig berichtet wird, was sich zugetragen hat. Kurz: ob der Ich-Erzähler wohl zu den *reliable* oder den weniger *reliable narrators* gehört.

Und bereits im zweiten Abschnitt outet sich der Erzähler zudem als Kunstgriff des Autors. Pilenz weiß, dass er nur als Marionette fungiert und von einem mächtigeren Spieler inszeniert wird, der die Fäden zieht. Seine Abhängigkeit ist zunächst als Fakt im Indikativ formuliert, im folgenden Satz wird sie noch einmal als bloße Möglichkeit im Konjunktiv präsentiert. Wie man' s auch sieht: Pilenz steht unter Berichtzwang. In drei Sätzen betont er die Künstlichkeit dieses Vorgangs, bevor er mit einem abschließenden „so" daran geht, seine virtuelle Welt zu bauen: „und so lasse ich am Anfang die Maus über den Schraubenzieher hüpfen …" (S. 6)

Außergewöhnlich ist dabei keineswegs, dass der Erzähler als Sprachrohr des Autors auftritt – wenn allerdings die Fäden sichtbar werden, an denen die Erzählfigur hängt und damit das dahinterstehende Bewusstsein selbst in den Erzähltext eindringt, wird der artifizielle Charakter des fiktionalen Textes bewusst in den Vordergrund gestellt. Pilenz weiß, dass er nur als Marionette fungiert und von einem mächtigeren Spieler inszeniert wird, der die Fäden zieht. Die unterschiedlichen Erzählerpositionen sollen zunächst durch eine Analyse verschiedener Textausschnitte (**M 1**) erarbeitet werden und in einem Tafelbild oder auf Folie (**M 2**) festgehalten. Fällt es den Schülern schwer, die Positionen zu bestimmen, kann noch einmal detailliert auf die ersten beiden Abschnitte der Novelle zurückgegriffen werden, in der wichtige Erzählerpositionen exponiert wurden.

Deutlich werden sollte bei der Besprechung der einzelnen Textzitate, dass Pilenz als Erzähler ein unsicherer Kantonist ist, der widersprüchliche Varianten der Handlung formuliert, sich korrigiert, Vermutungen äußert – kurz: er ist kein Chronist im traditionellen Stil. Der Persönlichkeit seines Freundes kann er sich nur von äußeren Verhaltensweisen her annähern, die inneren Konflikte Mahlkes bleiben ihm vorenthalten, wie Pilenz weiß: „seine Seele wurde mir nie vorgestellt" (S. 37). Angewiesen auf Vermutungen erscheint seine Perspektive beschränkt. Diesen „Mutmaßungsstil" definiert Günter Grass 1999 in einem Interview (**M 3**) als seine Variante modernen Schreibens.

Diese eigentümliche Beziehung zwischen dem Erzähler und seinem Protagonisten begründet wohl auch den Wechsel der Anredeform: immer wieder wendet sich Pilenz mit einem „Du" an den Freund und zieht ihn damit in seine Nähe. Auch der Wechsel des Tempus, der teilweise innerhalb eines Satzes vorgenommen wird, verweist auf die Unmittelbarkeit des Erinnerns und die fortdauernde Traumatisierung des Erzählers. Zu diesem Wechsel zwischen Präsens und Präteritum äußert sich Grass im Mai 1969 in einem knappen Interviewausschnitt (**M 4**).

A 24 Zur Arbeitsweise von Günter Grass

Mit Hilfe der Materialien von **A 24** und **A 25** lässt sich die Sprache, die Grass in seinem Text verwendet, detailliert untersuchen. **A 24** erlaubt einen Blick in die Werkstatt des Autors. Um den Sprachduktus militärischen Redens möglichst authentisch zu treffen, hat Grass, wie er in einem Gespräch im September 1965 bekannt, sich auf den Fundus der „Landser"-Kriegsromane eingelassen, die vor allem in den fünfziger und sechziger Jahren an den deutschen Kiosken vertrieben wurden und eine breite Leserschaft fanden – und auch heute antiquarisch noch gesucht sind. Für Grass war diese Basisarbeit notwendig, um den Ton der beiden „Ritterkreuzreden" (S. 61 f. und 84 ff.) zu treffen, mit dem spezifisch männlich ausgeprägte Tugenden – „stahlhart, willensstark, widerstandsfähig" – demonstriert werden sollten und die so *post festum* zur Kriegsverherrlichung beitragen (**M 1**). Die Analyse der Textpassage Seite 84 ff. (**M 2**) macht deutlich, wie der Autor den spezifischen Landserjargon seiner eigenen Erzählweise anverwandelt und damit demontiert hat. Ebenso könnte man die Rede des Luftwaffenleutnants analysieren (S. 61 f.): Syntax und Semantik sind in beiden Fällen fast identisch.

Deutlich wird in beiden Auszügen der elliptische Stil, der auf Ergänzungen verzichtet, ohne an Verständlichkeit zu verlieren. Angespielt wird damit auf die knappe und reduzierte Sprache der Kasernenhöfe, die das Vokabular zusammenstutzt und damit zugleich die Herrschaftsverhältnisse betont.

Diese autoritative Sprache wird nur unterbrochen, wenn es darum geht, mit humoristischen Einlagen das Niveau des Publikums zu treffen („unseren guten alten Pausenhof", S. 62; „die Geschichte des Staffelhundes Alex", S. 63) – was bei kritischen Zuhörern wie Pilenz nicht immer auf Zustimmung stößt. Eine individuelle Variante dieses Militärtons bilden die blumigen Vergleiche des Kapitänleutnants, der Elemente seines Germanistik- und Theologiestudium in den Vortrag einbringt.

Dieser militärische Jargon springt auch in das Zivilleben über. Direktor Klohse greift in seinen Einführungen zu den Reden der Ritterkreuzträger den gleichen elliptischen Stil auf, um die eigene Verhaftung in diesem patriotisch-militärischen Geist unter Beweis zu stellen (S. 81). Ähnlich äußert sich Mahlke, nachdem er sich freiwillig zum Militär gemeldet hat (S. 117) bzw. in seinem Monolog, der die verhinderte Rede in der Aula Pilenz gegenüber referiert (S. 170).

A 25 Zur Erzählweise von Günter Grass

Zu Beginn der Textlektüre wurden bereits die ersten drei Textabschnitte analysiert. Diese Erfahrungen können jetzt aufgegriffen und vertieft werden. Exemplarisch sollte der Erzählstil des Autors zunächst an einer Textpassage erarbeitet werden, in der die wesentlichen Erzählelemente zu erkennen sind: dem Abschnitt S. 82 f. (M 1). Hier lassen sich die unterschiedlichen Sprachebenen, Satzbau- und Interpunktionsvarianten und Sprachbilder finden, mit denen Grass arbeitet. Deutlich wird, dass er vor allem mit der Inhaltsfülle der Sätze experimentiert. Er setzt lange Reihungssätze ein, in denen er simultan banale Situationen und dramatisches inneres Geschehen nebeneinander stellt. Häufig folgen darauf elliptische Kurzsätze, mit denen die Dynamik wieder vorangetrieben wird. Darüber hinaus lässt Grass Dialekt und Umgangssprache einfließen, arbeitet mit Jargonbegriffen und Floskeln. Mit bildkräftigen Umschreibungen abstrakter oder stereotyper Vorgänge erreicht er eine Vitalisierung der Gegenstände: Dinge verselbstständigen sich so, dass ihnen eine Eigenmächtigkeit zuwächst. Die Häufungen, Satzketten und Reihungen lassen eine bis ins Detail ge-

hende Vergegenwärtigung des Geschehens erkennen. Der gewählte Erzählabschnitt enthält natürlich nicht alle Elemente, die charakteristisch für die Erzählweise von Günter Grass sind – zum einen fehlt mit dem Zeitenwechsel ein auffälliger Aspekt, der bereits unter dem Stichwort „Erzählperspektive" (vgl. A 23) analysiert wurde, zum anderen fehlen Charakteristika wie Dialekt oder Fachsprache, die Erweiterung der Nominalphrase, im Bereich der Interpunktion Semikolon, Gedankenstriche und -punkte, Zeugma und Oxymoron in der Semantik. Diese Elemente werden mit Hilfe der ausgewählten Textauszüge (M 2) nachgetragen und in einem zusammenfassenden Tafelanschrieb (M 3) festgehalten. Der methodischen Abwechslung halber kann der Lehrer auch mit Hilfe von M 3 weitere Charakteristika der Grass' schen Erzählweise vortragen, und die Schüler können dann selbstständig bei den Textausschnitten bestimmen, welches Stilmittel vorliegt.

Günter Grass, so zeigt sich hier, ist ein Autor, der als bildender Künstler gelernt hat, mit seinem Material zu arbeiten. Er versucht ein Maximum an sinnlicher und gegenständlicher Vielfalt sprachlich zu gestalten. Über seine Erzähltechnik gibt er in einem Gespräch Auskunft, das er 1963 mit Schülern führt (M 4). Dieser kontrovers geführte Diskurs geht auf die Intention der Zusammenschreibungen ein, verweist auf einzelne Sprachbilder und setzt sich mit vermeintlich blasphemischen Sequenzen in der Novelle auseinander.

A 26 „Katz und Maus" – eine Novelle?

Heftig umstritten ist v.a. beim Erscheinen der Erstausgabe, ob der Text seinen Untertitel „Eine Novelle" zu Recht trägt. Um diese Auseinandersetzung verstehen zu können und generell in das Genre der Novelle einzuführen, soll zunächst mit einem Lexikonartikel (M 1) gearbeitet werden. Er umreißt Wesensmerkmale einer idealtypischen Novelle – eine knappe und stringente Form, die Konzentration auf eine unerhörte Begebenheit, die Ausrichtung auf Höhe- und Wendepunkte, die Verwendung von Ding- und Leitmotiven – und verweist auf die Herkunft der Textart bei Boccaccio.

Als ein Beispiel von zahlreichen Rezensionen, die sich 1961 kritisch mit dem Selbstverständnis dieser Erzählung befassen, soll anschließend der Auszug von Jost Nolte (M 3) herangezogen werden. An dieser Kritik lassen sich die Vorbehalte gegenüber der Bezeichnung „Novelle" deutlich herausarbeiten. Vor dem Hintergrund des zwei Jahre zuvor erschienenen

Didaktisch-methodischer Kommentar

Romans „Die Blechtrommel" wird der Überraschungseffekt deutlich, den Grass mit der Veröffentlichung seines neuen Werks gelandet hat: Es greift den gleichen lokalen, historischen und gesellschaftlichen Hintergrund auf, zeigt sich nun aber in völlig veränderter literarischer Form. Kategorisch heißt es bei Nolte: „... was aber bei einer Novelle, wenn sie wirklich eine sein soll, nun einmal nicht erlaubt ist." Er wendet sich im Wesentlichen gegen zwei formale Aspekte, die einer formgerechten Novelle widersprechen: „Katz und Maus" besitze weder einen „geschlossene(n) Bau", noch einen „objektiven Berichtstil".

Offensichtlich sind sich Verlag und Autor der Provokation bewusst, die der Untertitel hervorruft. Der Klappentext (**M 2**) geht daher auch ausführlich auf diese Gattungsbezeichnung ein und entwirft implizit eine Gegenposition zu dieser Art von Kritik. Dass es sich um „*Eine* Novelle" handle, d.h. um die zeitgemäße Übersetzung der traditionsgebundenen Form in moderne Bedingungen, wird dabei hervorgehoben. Auch der Autor dieser Zeilen beruft sich auf die Goethe' sche Novellendefinition, betont aber, Grass greife auf traditionelle literarische Formen zurück und finde zugleich eine neue Formsprache – eben seine eigene Variante dieses Erzählmodells.

Hier erscheint es notwendig, die Schüler selbst die Elemente der Novellentheorie am Text überprüfen zu lassen: den begrenzten Schauplatz der Handlung (Danzig/Langfuhr bzw. das Boot), die Kontinuität der Handlung (die Jahre zwischen dem Kriegsbeginn 1939 und der Invasion 1944), die „sich ereignete unerhörte Begebenheit" (der Diebstahl des Ritterkreuzes), die Dingsymbolik (Ritterkreuz bzw. Adamsapfel), die auf Wendepunkte hin konzipierte, geradlinig auf das Ziel (den Tod Mahlkes) hinführende Handlung. Diese Bestandteile lassen eine weitgehende Übereinstimmung mit den theoretischen Vorgaben erkennen. Dagegen spricht, dass sich Grass mit dem subjektiven Berichtstil seines Ich-Erzählers weit von diesen Vorgaben entfernt.

A 27 Zur Entstehung des Textes

Die Entstehungsbedingungen der Erzählung (**M 1**) verdeutlichen, wie Grass zu dieser ambivalenten Form gefunden hat. Zunächst als Kapitel des Romanprojekts „Hundejahre" vorgesehen, hat sich das Geschehen verselbstständigt und wird erst in einem zweiten Durchgang zu dem einheitlichen Konzept entwickelt, das dann als „Eine Novelle" erschienen ist. In der Verbindung des unbestimmten Artikels mit der Gattungszuschreibung selbst lässt sich er-

kennen, wie die Anfangsprobleme des Autors sich in eine Auseinandersetzung mit der literarischen Tradition und Theorie verwandelt haben.

Das SPIEGEL-Titelbild vom 31. Mai 1961 (**M 2**) zeigt den damaligen Hoffnungsträger der FDP, Erich Mende: 1916 geboren (gest. 6.5.1998), Abitur 1936, Offizier und Ritterkreuzträger im II. Weltkrieg, Jurastudium und Promotion in der Nachkriegszeit, Mitbegründer der FDP, Mitglied im Deutschen Bundestag seit 1949, zwischen 1960 und 1968 Bundesvorsitzender der F.D.P., 1963–1966 Minister für Gesamtdeutsche Fragen und Vizekanzler unter Ludwig Erhardt. Seine Karriere ist klug geplant und baut auf dem Renommee des Weltkriegsoffiziers auf. Ein jugendliches Image wird mit bürgerlich-nationalem Geist verbunden; den Slogan für die Bundestagswahlen 1961 entwirft er selbst: „In altem Geist mit junger Kraft".

Von diesem Titelbild lässt sich Günter Grass zur Umschlagzeichnung für „Katz und Maus" (**M 1**) inspirieren (Der SPIEGEL, 4.9.1963, S. 72) – er trifft damit die Geisteshaltung Mendes: 1950 hatte er sich erstmals für die Freilassung verurteilter deutscher Kriegsverbrecher eingesetzt, 1953 gefordert, dass ehemaligen deutschen Soldaten das Tragen ihrer Tapferkeitsauszeichnungen erlaubt sein müsse; 1958 trug er als erster westdeutscher Politiker nach dem Krieg sein Ritterkreuz auf einem diplomatischen Empfang. Dieser selbstbewusste, von keinem Schuldbewusstsein angekratzte Gestus eines Politikers, der auf dem Weg nach oben von Skrupeln nichts wissen will, entspricht dem Ausdruck, den das Grass-Titelbild vermittelt. Die Schlussszene der Novelle, die das Treffen der Ritterkreuzträger in Regensburg 1959 skizziert, spielt noch auf diesen Geist an.

Sequenz VIII: Literarische Bezüge und Verweise

Die im Folgenden versammelten Gedichte und Prosapassagen sollten nicht en bloc in die Unterrichtseinheit eingehen, sondern bei der Behandlung der entsprechenden Textpassagen integriert werden. Damit ließen sich die Textdeutungen differenzieren und vertiefen. Es soll an dieser Stelle nicht versucht werden, den literarischen Kontext insgesamt auszubreiten – was bei der „Danziger Trilogie" zwischen „Blechtrommel" und „Hundejahre" allein vom Textumfang her kaum zu bewältigen wäre. Mit den knappen Verweisen auf andere Texte des Autors kann nur darauf aufmerksam gemacht werden, welcher Horizont sich öffnen lässt – immerhin soll damit ein

Didaktisch-methodischer Kommentar

Anreiz für die Schüler geboten werden, selbst in den Gedichtbänden oder Romanen von Günter Grass weiter zu lesen.

A 28 Intertextuelle Bezüge innerhalb des Grass'schen Werkes

Eine kryptische Anmerkung im XII. Kapitel der Novelle – „Nicht daß jemand, das Schicksal oder ein Autor, sie getilgt oder gestrichen hätte, wie Racine die Ratte in seinem Wappen gestrichen und nur den Schwan geduldet hatte" (S. 146). (M 1) verweist auf eine Anekdote über den französischen Schriftsteller Jean Racine (1639–1699). Der schreibt in einem Brief an seine Schwester vom Januar 1697: „Ich weiß, dass das Wappen unserer Familie eine Ratte und ein Schwan sind, wovon ich nur den Schwan behalten habe, weil die Ratte mich schockierte." Das Wappen entstand aus dem Gleichklang des Familiennamens mit den Tierbezeichnungen „rat" (= Ratte) und „cygne" (= Schwan).

Grass hat diese Anekdote zu einem Gedicht verarbeitet, in dem er indirekt sein poetisches Credo formuliert (M 2).

Die Schüler sollten zunächst versuchen, den Inhalt des Gedichts strophenweise nachzuvollziehen. Dabei müsste deutlich werden, dass mit den beiden Wappentieren eine tiefere Bedeutung verknüpft ist. Der Schwan vertritt auf der Oberfläche des Teichs sichtbar die reine „Schönheit"; die unsichtbar unter der Wasseroberfläche wirkende Ratte steht dagegen für die Hässlichkeit. Aber eines ist ohne das andere nicht denkbar – die Schönheit braucht das Hässliche als Folie, entfaltet sich erst im Kontrast zum Hässlichen. Racine versteht nicht, dass beides zusammengehört wie die beiden Seiten einer Münze. Indem der Dichter Racine die Ratte aus seinem Wappen entfernt und sich, in übertragenem Sinn, in seinen Dramen nur noch der Darstellung des absolut Schönen zuwendet, verliert er seine dichterische Kraft. Die Schönheit und das Hässliche, der Schwan und die Ratte, gehören untrennbar zusammen – beide brauchen das jeweils andere.

In diesem Gedicht formuliert Grass sein poetisches Programm: Schönheit und Hässlichkeit, Ideal wie destruktive Wirklichkeit gehören in der Realität wie in der Dichtung zusammen, fehlt das eine, kann das andere nicht entstehen.

Die Schüler sollten versuchen, das Gedicht anschließend auf den Novellentext zu beziehen. Wo zeigt Grass Mut zur Darstellung des Hässlichen, Unangenehmen, Destruktiven? Und wie gehört diese Darstellung unbedingt ins Gesamtgefüge der Erzählung?

Die beiden Textausschnitte aus der „Blechtrommel" (M 3) sollen den Protagonisten vorstellen, der auch in die Handlung von „Katz und Maus" – wenn auch nur als Randfigur – eingreift. Die Exposition des Romans wurde gewählt, um die Ausgangssituation wie die Erzählhaltung zu beschreiben. Oskar ist „Insasse einer Heil- und Pflegeanstalt", offensichtlich aber aus eigenem Entschluss: sein „weißlackiertes Metallbett" ist das „endlich erreichte Ziel", sein „Trost" und „Glaube". Er hat sich ebenso wie Heini Pilenz im Kolpinghaus auf eine Außenseiterposition zurückgezogen, von der aus er das vergangene Geschehen beschreibt. Im folgenden Ausschnitt aus dem Kapitel „Das Fotoalbum" schildert Oskar Matzerath seine Entscheidung als Dreijähriger, nicht weiter wachsen zu wollen, und er geht auf die große Bedeutung ein, die seine weißrot gezackte Kindertrommel für ihn erhält.

Beide Elemente, Kleinwüchsigkeit und Kindertrommel, lassen ihn auch in „Katz und Maus" identifizieren: Oskar taucht unter den Danziger Jugendlichen im ersten Kriegsjahr auf (S. 20), später ist von ihm im Zusammenhang mit der Störtebeker-Bande die Rede (S. 111 f.), er tritt während der Begegnung von Pilenz und Mahlke im Schlossgarten von Oliva auf (S. 128 f.); auch der Kolonialwarenladen seines Vaters findet Erwähnung (S. 132). Seine Rolle in der Novellenhandlung ist damit zwar bescheiden. Sie lässt aber immerhin „Die Blechtrommel" und „Katz und Maus" als Kontinuum eines Handlungsstrangs erkennen, der über den gemeinsamen Handlungsort und die Handlungszeit hinausgreift.

Auch die nachfolgenden „Hundejahre" werden von der Novelle aus anvisiert. Das gilt in besonderer Weise für Tulla (vgl. A 22, M 2). In einem engen Netz von Andeutungen, Vor- und Rückverweisen sind aber auch Heini Pilenz, Störtebeker, die Studienräte Mallenbrand und Brunies u.a. verbunden.

A 29 Intertextuelle Bezüge außerhalb des Grass'schen Werkes

Mit einem kurzen Textausschnitt wird hier das einzige größere Werk des im I. Weltkrieg gefallenen Autors Henri Alain-Fournier (1886–1914) vorgestellt. Es schildert die Freundschaft des Erzählers François Sorel mit dem siebzehnjährigen Augustin Meaulnes. Das Geschehen spielt am Ende des 19. Jahrhunderts in der nordfranzösischen Provinz, die noch durch weite Räume und unwegsames Gelände geprägt ist. Meaulnes wird schnell zum unangefochtenen Anführer der Jugendlichen, obwohl er ein schweigsamer und exzentrischer Einzelgänger ist. Die Suche nach

91

Didaktisch-methodischer Kommentar

einem mysteriösen, einsamen Landgut, das als Paradies der Kindheit und Jugend Meaulnes für einen kurzen Augenblick zugänglich war, bestimmt über weite Strecken die Handlung des Romans.

Der gewählte Textauszug beschreibt das Eintreffen Meaulnes in dem kleinen Dorf.

Die Bezüge zwischen Alain-Fourniers Roman und Grass' Novelle liegen auf der Hand: „Katz und Maus" wird 1957 in Paris konzipiert, als Grass mit Vorarbeiten zu seinem Roman „Hundejahre" beginnt. Dass er dort in Kontakt mit diesem Roman geriet, der bis weit in die sechziger Jahre Kultstatus in Frankreich genoss, kann vermutet werden.

Das Geschehen lässt sich in mehrfacher Weise auf die Novelle beziehen: Es geht inhaltlich um die Freundschaft zweier pubertierender Jungen. Der Erzähler ist wie Pilenz „ängstlich und unglücklich", Außenseiter unter den Gleichaltrigen. Der Protagonist bestimmt das Geschehen, ihm „folgten alle" – eine geborene Führerfigur, die in ihren Bann schlägt. Und wie Mahlke aus der Geschichte verschwindet, verschwindet auch der große Meaulnes einfach aus dem Roman. Sein Verschwinden bleibt immer von einer Art Geheimnis umschattet und wird nie geklärt – wie bei Mahlke.

Mahlkes Beinamen, den ihm die Kameraden nach dem Diebstahl des Ritterkreuzes verleihen „Der Große Mahlke" (S. 98) macht unmittelbar Anleihen beim französischen Romantitel.

Auch formal gibt es Übereinstimmungen. Die Erzählung wird aus der Perspektive eines mitbeteiligten Chronisten berichtet, dessen psychische Befangenheit die Schilderung des Geschehens deutlich beeinflusst.

Ein Vergleich des Romans und der Novelle könnte als Schülerreferat vergeben werden.

Sequenz IX: Der Film

A 30   Die Intention des Regisseurs

Die Verfilmung der Novelle von 1967 wird sicher in den meisten Schulmediotheken vorhanden sein. Spätestens im Zusammenhang mit der Literaturnobelpreis-Verleihung an Grass wurde sie in verschiedenen Fernsehprogrammen wieder eingespielt. Der politische Streit um den Film, der sich zum Zeitpunkt der Premiere entzündete an der „Verunglimpfung" des Ritterkreuzes und der Tatsache, dass die Söhne des damaligen SPD-Politikers und deutschen Außenministers Willy Brandt im Film mit

spielten, dürfte heutzutage nur noch von historischem Interesse sein. Im Mittelpunkt der Unterrichtsgespräche wird die Frage stehen, ob es dem Regisseur gelungen ist, die Ansprüche, die er mit seiner Adaption der Novellenverfilmung verfolgt hat, auch tatsächlich umzusetzen.

Dieser Film sollte daher auch erst am Ende der Unterrichtseinheit eingesetzt werden. Erst dann wird es möglich sein, aufgrund der eigenen Textkenntnis und Interpretationserfahrungen die Leistung der filmischen Umarbeitung einzuschätzen.

Als Einstiegsimpuls könnte ein Filmfoto (**M 1**) die beiden zentralen Figuren vorstellen. Die Novellensituation – Mahlkes „Zirkusnummer" auf dem Boot – dürfte schnell erkannt sein, ebenso der entscheidende Unterschied zur Textfassung: Der Orden ist zwar vor den Bauch gebunden, Mahlke aber ist nicht nackt, sondern mit einer Badehose bekleidet. Mehr hat der Regisseur offensichtlich sich und den Zuschauern nicht zumuten wollen – aber auch mit dieser verharmlosenden Variante wird der Film erst ab 18 Jahren freigegeben und als „nicht feiertagsfrei" eingestuft (vgl. **A 31, M 1**).

Hansjürgen Pohland geht mit hohen Ansprüchen und großem Selbstvertrauen an die Arbeit. Beides lässt sich einem Interview entnehmen, das er 1966 der Schweizer Zeitung „Die Tat" gibt (**M 2**). Er äußert sich hier über Anspruch wie Konzept seiner Regiearbeit. Dass ihm das Projekt wichtig ist, wird allein in dem immensen Zeitaufwand während der Vorbereitungsphase deutlich, die sich über Jahre hinzieht. Nach dem Tod des zunächst vorgesehenen Regisseurs Walter Henn geht Pohland auf sehr renommierte Regisseure zu – Andrzej Wajda und Bernhard Wicki. Nach ihrer Weigerung, sein Konzept umzusetzen, ist er nicht bereit, Abstriche zu machen, sondern realisiert es selbst.

Er will den Stoff in der Gegenwart ansiedeln, die politische Auseinandersetzung forcieren und die religiöse Prägung der Jugendlichen in den Hintergrund schieben. Formal experimentiert er mit Verfremdungseffekten und Dokumentarmaterial.

Nach diesem Vorlauf sollten die Schüler in der Lage sein, den Film nicht nur distanzlos zu genießen, sondern kritisch die filmische Umsetzung zu verfolgen. Ein begleitender Arbeitsauftrag erscheint daher unverzichtbar: Sie sollen die Szenenfolge des Films mitprotokollieren, um anschließend die folgenden Fragen beantworten zu können:

– Handelt es sich hier um eine echte filmische Adaption oder lediglich um ein Abfilmen der Textvorlage?

– Führen die strukturellen Veränderungen des

Films zu einer Zuschauerlenkung in den Bereich des Vordergründig-Skandalösen?
– Kann der Regisseur seine experimentellen Ansprüche adäquat einlösen?

Deutlich werden müsste, dass der Film die Erzählstruktur insoweit beibehält, als der erwachsene Pilenz über die Geschehnisse der Kriegsjahre berichtet. Sie werden aus seiner gegenwärtigen Sicht beschrieben, deswegen wird auch die Schlusssequenz der Novelle – das Treffen der Ritterkreuzträger – an den Anfang des Films gestellt. Pappmachépuppen markieren jeweils die Augenblicke, bevor die Gestalten in Pilenz' Erinnerung wieder lebendig werden bzw. anschließend wieder in Vergessenheit geraten. Die Subjektivität der Erzählhaltung wird hervorgehoben, indem der Film sich ausschließlich auf die Perspektive von Pilenz beschränkt. Teilweise werden Handlungen gezeigt, die sich nur im Kopf von Pilenz abspielen. So fehlt etwa in der Textvorlage die Passage, in der Mahlke während der Rede eines der Ritterkreuzträger zum Rednerpult läuft und dessen Orden in die Hand nimmt. Pilenz versucht hier, sich in die Gedanken Mahlkes hineinzuversetzen. Von wenigen Stellen abgesehen, beschränken sich die Dialoge auf reine Textrezitationen. Auch die Einblendung des Dokumentarmaterials lässt nicht übersehen, dass Pohland nur in Ansätzen über eine vordergründige Illustration der Vorlage hinausgeht.

A 31 Eine Filmrezension

Günter Grass, der anfänglich Pohland bei seiner Arbeit maßgeblich unterstützt, hat sich später von dessen Verfilmung distanziert. Es ist wohl auch für Schüler offensichtlich, dass Pohland sich mit seinen Ansprüchen übernommen und einen Film produziert hat, der weder in der Veränderung noch in der Anpassung des Drehbuchs an die Novellenvorlage überzeugen kann. Im Einzelnen lassen sich die Probleme des Films einer Besprechung im „Jahrbuch Film" entnehmen (**M 1**).

Nach der Analyse dieser Rezension sollte von den Schülern verlangt werden, eine eigene Filmkritik zu „Katz und Maus" zu schreiben, in die ihre eigene Einschätzung des Filmes miteinfließen sollte.

Sequenz X: Zur Biographie Günter Grass'

A 32 Günter Grass 1927–1999

Die in diesem Arbeitsblatt zusammengestellten Bilder und Texte können eingesetzt werden, um den Schülern einen raschen Überblick über den weiten Weg des Autors vom rebellischen *enfant terrible* zum anerkannten *poeta laureatus* des Literaturbetriebs zu verdeutlichen. Als Einstieg lassen sich die Bilder (**M 1**) benutzen, die als Folie vorgelegt werden können.

1963 wird Günter Grass erstmals mit seinem Porträt auf der Titelseite des SPIEGEL abgebildet. Nach dem Erscheinen des Romans „Hundejahre" gilt er als internationaler „Bestsellerautor", dem daher auch eine eigene Titelgeschichte gewidmet ist. Im Verlauf dieses Textes wird auch seine Lebensgeschichte vorgestellt. Sie ist hier, von wenigen Kürzungen abgesehen, wiedergegeben (**M 2**). Dieser Text hat den Vorteil, dass er bei aller Kürze doch mehr über den Autor aussagt als die üblichen Daten- und Faktenzusammenstellungen am Ende von Monographien. Dass er im üblichen SPIEGEL-Stil geschrieben ist, muss hier als Qualität gelten, erleichtert das doch den Zugang für die Schüler.

Von ihnen sollte verlangt werden, dass sie die einzelnen Stationen im Leben des Autors benennen und die Bezüge zwischen seinem Werk – insbesondere der Novelle – und seinen eigenen Erfahrungen herstellen. Das bezieht sich in erster Linie auf die Jahre in Danzig/Langfuhr. Bis zu seinem 17. Lebensjahr wächst Grass dort auf, geht zur Schule, die er kriegsbedingt vor dem Abitur verlassen muss. Besonderes Gewicht wird hier auf seine katholische Tradition gelegt. Die Schüler erfahren auch, dass er nach dem Krieg in Düsseldorf studiert hat – was leider nicht erwähnt wird, ist, dass Grass während dieser Zeit im Kolpinghaus gewohnt hat und dort von einem Pater in theologische Gespräche verwickelt und in die Literatur eingeführt wurde.

Darüber hinaus wird der literarische Überraschungserfolg hervorgehoben, den der Autor mit der „Blechtrommel" erfährt, fortgesetzt mit dem Roman „Hundejahre". „Katz und Maus" erscheint hier diesen qualitativen wie quantitativen Schwergewichten gegenüber mehr als Fingerübung. Deutlich wird aber auch, dass der Erfolg der Novelle beim Lesepublikum enorm ist.

Um die Vita des Autors zu vervollständigen, können die Schüler sich selbst auf die Suche begeben und in

Didaktisch-methodischer Kommentar

Stadtbücherei, Schulbibliothek und Internet nach weiteren Angaben suchen und ihre Ergebnisse in einem kurzen Referat vortragen.

Bei knapper Zeit reicht es durchaus, wenn lediglich die Begründung der schwedischen Akademie der Schönen Künste mit den Schülern gelesen wird (**M 3**), in der die Verleihung des Literaturnobelpreises 1999 als Krönung einer langen Lebensleistung erscheint. Diese Würdigung lässt deutlich werden, was den Autor auszeichnet: Bereits mit seinem ersten Werk ist ein genialer Wurf gelungen, die deutsche Literatur habe damit „nach Jahrzehnten sprachlicher und moralischer Zerstörung einen neuen Anfang" gefunden. Das gilt für den Inhalt seines Schaffens in gleicher Weise wie für die Sprache. Grass lässt sich auf „die kleine Welt" des alltäglichen Wahnsinns ein und wirft scheinbar geheiligte Normen, wie man zu schreiben habe, über den Haufen. Er setzt sich damit der massiven Kritik seiner Zeitgenossen aus, ohne deswegen auf die Provokation zu verzichten.

Weiterführende Literatur

Angenendt, Thomas
„Wenn Wörter Schatten werfen". Untersuchungen zum Prosastil von Günter Grass
Frankfurt/M u.a. 1995 [Kölner Studien zur Literaturwissenschaft Bd.6]

Arnold, Heinz Ludwig (Hg.)
Blech getrommelt. Günter Grass in der Kritik
Göttingen 1997

Brandes, Ute
Günter Grass
Berlin 1998 [Köpfe des 20.Jahrhunderts, Bd.132]

Brode, Hanspeter
Günter Grass
München 1979 [Autorenbücher 17]

Friedrichsmeyer, Erhard M.
Aspects of Myth, Parody and Obscenity in Grass' „Die Blechtrommel" and „Katz und Maus", in:
The Germanic Review 1965 H.3, S.240-250.

Geißler, Rolf (Hg.)
Günter Grass Materialienbuch
Darmstadt 1976 [Sammlung Luchterhand 214]

Grass, Günter/ Zimmermann, Harro
Vom Abenteuer der Aufklärung.
Werkstattgespräche
Göttingen 1999

Hasselbach, Ingrid
Günter Grass. Katz und Maus
München 1990 [Oldenbourg Interpretationen Bd.36]

Hermes, Daniela
„Was mit Katz und Maus begann" - ein Kabinettstück Grassscher Prosakunst, in:
Neuhaus, Volker/Hermes, Daniela (Hg.)
Die „Danziger Trilogie" von Günter Grass
Frankfurt/M 1991, [Sammlung Luchterhand 979], S.170-180

Kaiser, Gerhard
Günter Grass „Katz und Maus"
München 1971 [Literatur im Dialog. Analysen und Monographien Bd.1]

Koopmann, Helmut
Der Faschismus als Kleinbürgertum und was daraus wurde, in: Görtz, Franz Josef (Hrsg.)
Günter Grass: Auskunft für Leser
Darmstadt und Neuwied 1984 [Sammlung Luchterhand 543], S95-123.

Krumme, Detlef
Der suspekte Erzähler und sein suspekter Held.
Überlegungen zur Novelle „Katz und Maus", in:

Durzak, Manfred (Hrsg.)
Zu Günter Grass. Geschichte auf dem poetischen Prüfstand
Stuttgart 1985 [Klett LGW 68], S.65-79.

Loschütz, Gert (Hg.)
Von Buch zu Buch. Günter Grass in der Kritik
Neuwied 1968

Neuhaus, Volker
Belle Tulla sans merci, in:
Neuhaus, Volker / Hermes, Daniela (Hg.)
Die „Danziger Trilogie" von Günter Grass
Frankfurt/M 1991 [Sammlung Luchterhand 979], S.181-199.

Neuhaus, Volker
Günter Grass
Stuttgart 1993 [2.Auflage]

Neuhaus, Volker
Schreiben gegen die verstreichende Zeit. Zu Leben und Werk von Günter Grass
München 1997

Reddick, John
The „Danzig trilogy" of Guenter Grass: a study of the Tin Drum, Cat and Mouse and Dog Years
London 1975

Ritter, Alexander (Hg.)
Günter Grass. Katz und Maus
Stuttgart 1977 [Reclam Erläuterungen und Dokumente 8137]

Rushdie, Salman
Ein Reisender über Grenzen im Ich und in der Zeit [ursprünglich „On Günter Grass", in: Granda, April 1985],
in: Hermes, Daniela/Neuhaus, Volker (Hg.)
Günter Grass im Ausland. Texte, Daten, Bilder zur Rezeption
Frankfurt/Main 1990 [Sammlung Luchterhand Bd.902]

Scherf, Rainer
„Katz und Maus" von Günter Grass. Literarische Ironie nach Auschwitz und der unausgesprochene Appell zu politischem Engagement
Marburg 1995 [Trier Universität Diss. 1991]

Stallbaum, Klaus
Kunst und Künstlerexistenz im Frühwerk von Günter Grass
Köln 1989 [Phil. Diss. Köln 1988]

Stolz, Dieter
Günter Grass zur Einführung
Hamburg 1999

WEITERE TITEL ZUR UNTERRICHTSVORBEREITUNG

Deutsch

Sekundarstufe I

Arbeitsblätter

Medienerziehung in den Klassen 5 – 7
29 Arbeitsblätter mit didaktisch-methodischen Kommentaren
ISBN 3-12-927418-9

Arbeitsblätter

Neue Rechtschreibung in den Klassen 5 und 6
52 Arbeitsblätter mit didaktisch-methodischen Kommentaren
ISBN 3-12-927925-3

Arbeitsblätter

Neue Rechtschreibung in den Klassen 7 und 8
66 Arbeitsblätter mit didaktisch-methodischen Kommentaren
ISBN 3-12-927924-3

Arbeitsblätter

Neue Rechtschreibung in den Klassen 9 und 10
58 Arbeitsblätter mit didaktisch-methodischen Kommentaren
ISBN 3-12-927425-1

Arbeitsblätter

Vertretungsstunden in der Sekundarstufe I
57 Arbeitsblätter mit Lösungsangaben
ISBN 3-12-927446-1

Sekundarstufe II

Arbeitsblätter

Exil und Heimkehr – Rose Ausländer und Hilde Domin
36 Arbeitsblätter mit didaktisch-methodischen Kommentaren
ISBN 3-12-927419-7

Arbeitsblätter

Ingeborg Drewitz „Gestern war Heute"
27 Arbeitsblätter mit didaktisch-methodischen Kommentaren
ISBN 3-12-927428-6

Arbeitsblätter

Gerhart Hauptmann „Die Ratten"
39 Arbeitsblätter mit didaktisch-methodischen Kommentaren
ISBN 3-12-927435-9

Arbeitsblätter

Sprachwandel
23 Arbeitsblätter mit didaktisch-methodischen Kommentaren
ISBN 3-12-927422-7

Arbeitsblätter

Reflexion über Sprache
34 Arbeitsblätter mit Kommentaren zum Unterrichtseinsatz
ISBN 3-12-927426-x

Arbeitsblätter

Gewaltdarstellung in Literatur, Film und Fernsehen
38 Arbeitsblätter mit didaktisch-methodischen Kommentaren
ISBN 3-12-927415-4

Arbeitsblätter

Klassik
22 Arbeitsblätter mit didaktisch-methodischen Kommentaren
ISBN 3-12-927423-5

Arbeitsblätter

Romantik
30 Arbeitsblätter mit didaktisch-methodischen Kommentaren
ISBN 3-12-927433-2

Arbeitsblätter

Realismus
21 Arbeitsblätter mit didaktisch-methodischen Kommentaren
ISBN 3-12-927442-1

Arbeitsblätter

Literatur im Bild
45 Arbeitsblätter mit didaktisch-methodischen Kommentaren
ISBN 3-12-929430-9

Arbeitsblätter

Döblins „Berlin Alexanderplatz" und die Literatur der Weimarer Republik
31 Arbeitsblätter mit didaktisch-methodischen Kommentaren
ISBN 3-12-927429-4